아주 오래되었으나 새로운 세계로

절기 따라 걷기

아주 오래되었으나 새로운 세계로
절기 따라 걷기

최예슬

들어가는 글

돌멩이는 차갑습니다. 그런데 신기하게도 서늘한 손에 들어온 차가운 돌멩이를 쥐고 몇 호흡을 하는 동안 돌멩이도 저도 어느덧 따뜻해집니다. 온기를 손에 쥔 채 돌멩이에 대한 인상이 바뀐 것을 문득 깨닫습니다. 언젠가 수업에서 이 이야기를 하며 "어떻게 그럴 수 있을까요? 누구든 이유를 알게 되면 소식을 전해주세요."라고 말했습니다.

한참 뒤, 한 사람이 이유를 알게 되었다면서 메시지를
보내왔습니다. 여러 번 읽어도 완전히 이해하기는
어려운 공식과 열전도에 관한 내용이었지만, 둥글고
원만한 언덕처럼 느껴지는 다정한 설명 덕분에 오르막
같은 이론도 편안하게 느껴졌습니다. 돌멩이를 쥐듯
이야기를 놓지 않고 여러 날을 보냈을 마음이 고마워서
잘 모르겠는 문장들을 저도 오래 바라보았어요.
이야기를 품에 안은 그와 저는 각자의 자리에서 어느
날에는 웃고 언젠가는 울었을지도 모르겠습니다.
우리는 웃음도 눈물도 많은 사람들이거든요.

모르겠다는 마음에도 내려놓지 않고 그대로 머무르며
경험하기를 선택합니다. 삶에 가득한 불확실성이
아득하게 느껴져 가끔은 서둘러 결론을 내리고 싶지만,
어려운 날에도 묵묵하게 곁에 있어주는 좋은 친구처럼
막막함 속에서 가만히 마음에 손을 얹고 기다려요.
두려움은 호기심으로, 막막함은 기대감으로 온도를
달리합니다.

이 글을 시작할 무렵, 때 이른 폭설이 내렸습니다.
첫눈이 내리는 소설 무렵이기는 했으나 큰 눈에 대한
준비는 아직, 단풍도 여전했습니다. 이르게 찾아온

어마어마한 눈 소식에 놀란 생명이 우리만은 아니었을
거예요. 산속에서 이제 막 겨울을 준비하고 있었을
동물들은 그날 어디에서 잠을 청했을까요.
아직 단풍도 다 떠나보내지 못한 나무들은 무거운
눈을 안고 어떤 표정을 지었을지 가만히 떠올려봅니다.
자연은 자꾸만 사람들에게 말을 건네는데 쉼 없이
달리던 관성에 붙잡혀 떠밀려가는 이들은 들어야 할
말을 듣지 못하고, 보아야 할 장면을 못 본 척하면서
하루하루를 살아갑니다. 멈추는 법을 배운 사람들과
달라진 속도에서 빛의 방향으로 몸을 돌릴 수 있던
사람들은 자연의 언어를 듣고 봅니다. 붉고 노란
나무에 수북이 쌓인 하얀 눈이 바람 불 때마다 날아와
뺨에 닿으면 자연의 목소리가 점점 가까이, 크게
들리는 기분이 들어요. 마음이 조급해집니다. 우리들은
어떤 미래에 도착하게 될까요. 그리고 우리 곁에는
어떤 생명이 어떤 모습으로 함께하게 될까요. 저는
무엇도 잘 모르겠습니다.

모르겠다는 마음을 안고서 할 수 있는 행동을
할 때, 불확실성은 막연한 두려움의 시간을 지나
찬란한 가능성이 됩니다. 절기가 전해오는 이야기에
귀 기울이며 한 해를 보내는 동안 그걸 분명하게

배웠어요. 24절기를 챙기며 그 순간 제철인 것을
누리는 삶은 자연스럽게 살아가는 방향으로 저를
이끄는, 아주 오래되었으나 새로운 세계의 초대장
같았습니다.

옛사람들이 오래전에 그 무렵마다 했다는 일들을
비슷하게 해보려고 할 때, 계절의 품에 안겨 회복하는
느낌이 들어요. 그제야 지금 자연스러운 것이
무엇인지를 배우게 되고, 자연스럽지 않은 것들에 대한
질문이 시작됩니다. 새로운 질문은 언제나 중요합니다.
질문을 던지지 않아서 아직 세상에 드러나지 못한
것들과 사라져 간 것들이 있고, 그중 어떤 건 우리의
삶을 안전하게 지탱하는 토대가 될 만한 것이었을
테니까요.

그리고 하나 더, 절기마다 행하던 여러 일이 대부분
연대와 관련된다는 사실이 저에게는 큰 의미였습니다.
인간은 보이는 만큼만 볼 수 있습니다. 그러나 볼 수
없다고 해서 없는 것은 아니지요. 볼 수 없는 것은
보이지 않아도 느낄 수는 있는데 그중에는 사랑도
우정도, 차마 헤아릴 수 없고 이름 붙이기 어려운
마음과 슬픔도 있을 거예요. 세상은 보이는 것만

있다고 믿는 사람들과 보이지 않지만 분명하게
존재하는 것들을 알아보는 사람들이 함께 살아가는
곳, 어느 쪽을 선택할지 고를 수 있다면 저는 후자를
택하고 싶어요. 그리고 보이지 않는 것들은 당신
덕분에 느낄 수 있습니다. 당신은 낯선 파장을 통해
관성을 깨뜨려주고, 부서진 관성의 파편에서 쏟아진
빛이 사방에 드러날 때면 관성이라는 틀에 갇혀 볼 수
없던 것들을 볼 수 있게 혹은 느낄 수 있게 돼요.
나는 나의 빛으로 당신을 비추고 싶어요. 당신의 빛이
나의 세계를 밝혀주고, 또 나를 빛나게 하였듯. 절기에
대한 나의 이야기가 당신의 동그란 이마에 닿아 오래된
빛을 드리울 무렵이면 내 손안에 든 돌멩이는 따뜻하게
데워져 있을 거예요.

가장 깊은 밤이 도착하는 곳은 언제나 해가 길게
드리우는 자리, 무엇도 어둠에서 끝나지 않습니다.
그러니 우리는 빛이 비출 때에는 조그맣더라도 할 수
있는 일을 하고, 천진한 빛 속에서 고단해질 때에는
우리를 기다리는 사려 깊은 어둠의 어깨에 기대어
쉬면 됩니다. 둘러싼 세계의 바람과 햇살, 비와 아침,
눈과 석양을 관찰하는 동안 새로운 중력이 우리의
삶에 참여하도록 여건을 만들 수 있다면, 아직 우리가

모르는 더 자연스럽고 탁월하게 아름다운 세계에서 서로를 바라보며 사랑을 이야기하겠지요. 저는 저의 걸음으로 계속 걸어가 그곳에서 당신을 기다릴게요. 우리가 만나는 날, 따뜻한 돌멩이를 당신의 손에 건네게 되기를 바라면서요.

밤이 가장 긴, 다시 낮이 길어질 2024년의 동지 무렵
사랑의 빛을 담아,

최예슬 드림.

들어가는 글 —— 05

첫 번째, 봄

   언 땅을 깨우는 첫봄의 / 입춘 —— 15

   사계절이라는 여행을 준비하는 / 우수 —— 22

   아직 모르는 세계가 사랑을 전하는 / 경칩 —— 28

   새롭게 채울 빈자리를 준비하는 / 춘분 —— 34

   수월하게 싹이 돋고 뿌리 내리는 / 청명 —— 40

   비옥한 토양으로 씨앗을 환영하는 / 곡우 —— 46

두 번째, 여름

   무성함 속 틈을 만들어보는 / 입하 —— 55

   초여름의 햇살에 나를 세워두는 / 소만 —— 61

   필연을 믿으며 할 일을 해내는 / 망종 —— 68

   기다리고 지속하기를 선택하는 / 하지 —— 74

   밭을 두고 떠나지 않는 농부처럼, 삶을 지키는 / 소서 —— 80

   무성함 속에서 남겨둘 것을 헤아리는 / 대서 —— 86

세 번째, 가을

    가을의 씨앗을 심는 / 입추 —— 95

    눅눅한 것들을 햇볕에 말리는 / 처서 —— 103

    열매가 안으로 무르익는 / 백로 —— 109

    가을걷이의 감사함을 느끼는 / 추분 —— 116

    내년의 씨앗을 갈무리하는 / 한로 —— 122

    단풍을 바라보며 삶을 배우는 / 상강 —— 129

마지막, 겨울

    경험이 지혜가 되는 계절의 / 입동 —— 139

    겨울이 인사를 건네는 / 소설 —— 145

    눈이 내려 보리를 덮어주는 / 대설 —— 152

    새로운 태양과 씨앗을 지켜보는 / 동지 —— 159

    마주하는 빛으로 따뜻함을 찾는 / 소한 —— 166

    추위 속에서 봄을 준비하는 / 대한 —— 173

나가는 글 —— 179

첫 번째, 봄

입춘
언 땅을 깨우는 첫봄의 절기

완연한 봄의 기억을 안고 맞이한 계절의 초입은
어쩐지 부족하게만 여겨진다. 내가 기다리던 봄은
이게 아니라고, 이렇게 차가운 공기가 등을 서늘하게
하는데 봄은 무슨 봄이냐고 투덜거린다. 그러나 그건
이 계절을 오해하고 있기 때문이다. 봄의 기운이
땅에서 태어날 때 무르익은 모양과 다른 건 자연스러운
일이고, 그 모든 것은 하나다. 덕분에 경험하는 전부를

배우고 이해하게 될 때, 더 이상은 봄에게 춥다고 혹은
짧다고 서툰 푸념을 하지 않게 된다. 서늘한 봄과
온화한 바람이 부는 봄, 꽃들이 만개하는 봄이 있을
뿐이다. 매번 오해받느라 고생 많았을 봄의 풍경을
곁에서 바라본다. 목련 나무의 봉오리에 어느새 수상한
낌새가 있다. 아직 캄캄한 빛깔이지만 꽃을 준비하느라
몸을 부풀렸고, 올망졸망한 봉오리들이 그새 나무에
가득 맺혔다. 까만 봉오리에서 꽃을 본다. 기억이
만들어준 상상력으로 그 너머 먼 곳을 향해 간다.
가끔은 기억이 나를 붙잡아 더 가지 못하게 가로막는
느낌이 드는 날도 있지만, 기억 덕분에 아직 도착하지
않은 화사한 풍경을 믿게 되기도 한다. 그렇다면
그것은 기억의 몫이 아니라 나의 몫. 봄의 작은 기척을
한없이 환영하며 지금 만나는 세계 속에서 나무들을
올려다본다. 겨울과는 다른 얼굴을 한 나무들이 봄다운
미소를 짓고 있다. 꽃이 피어나야 올려다보던 나무들,
연둣빛이 보여야 사진에 담던 나무들을 차가운 공기
속에서도 봄에 어울리는 눈빛과 마음을 안고 호기심
어린 눈으로 본다. 겨울과 봄이 함께하는 자리에서
마주해야 할 것에 대해 나무와 이야기를 시작한다.
'무엇을 할 수 있을까?' 목련 나무를 올려다보며
나무에게 묻는다. '겨울 속에 봄이 있다는 것을 믿어?'

나무는 답하지 않고 다시 질문한다. 아직 유연하게 열리지 못한 한편의 마음속. 가장 아름답게 펼쳐질 꽃이 숨어 있으려나. 오래 돌보지 못했던 마음자리를 더듬거려본다.

'입춘'과 대보름 즈음 '아홉차리'라는 풍속이 있다. 할 수 있는 일을 아홉 번 하며 입춘을 보내라는 이야기다. 두 손을 모두 펼치면 대부분은 열 손가락을 만나게 되는데, 왜 하필 아홉 번일까? 기운을 북돋을 만큼의 바탕만 만들고, 약간은 모자라게 두어서 예상치 못한 행운의 공간을 남겨두려는 마음은 아니었을까? 조상들에게는 '9'가 많다는 의미일뿐 아니라 좋은 양수이기에 꼽았을 수도 있지만, 나만의 의미로 가다듬어 본다. 언 땅에는 씨앗을 심지 못한다. 우선은 얼어 있는 땅을 흔들어 깨워야 하고, 지금 하는 아홉 번의 시도는 씨앗을 심을 수 있도록 땅을 부드럽게 하는 밑바탕이 될 것이다. 그 땅에서 무엇이 어떤 속도로 피어날지에 대해서는 모르는 채로, 나 역시 아홉 번의 시도로 여백을 남겨두고 싶다. 그 시도만으로도 만지작거리는 자리에 정말 숨구멍이 생기고 바람이 통할지 궁금해하면서, 너무나 사소해서 시도한다고 하기에도 쑥스러운 것들을 성실하게 한다.

아침에 눈을 뜨고 처음 숨을 느낄 때 '오늘을 경험할 기회를 주셔서 고맙습니다. 볼 수 있게 해주셔서 고맙습니다. 들을 수 있도록 열어주셔서 고맙습니다.' 먼저 인사한다. 하루에 한 번은 눈을 감고 내 안에 있는 모든 것에게 감사를 전하고, 책을 읽는 여유로운 시간도 일상 속에 참여하게 한다. 너무 대단치 않아서 멋쩍은 느낌이 들지만 이런 작은 조각 하나가 상상도 할 수 없을 만큼 넓은 바다로 나를 안내해 주리라 믿는다. 꽃을 품은 봉오리처럼.

내면이든 외면이든 더 아름다워지고, 견고해지고, 편안해지고, 자유로워지기 위해서 이미 내가 가진 것 말고 다른 것은 필요하지 않다. 나는 자주, 내가 이미 가진 어둠과 약함을 비난하고 갖지 못한 강함과 빛을 부러워했다. 물론 그런 마음이어도 고요함을 위해 노력하면 전보다 나아지기는 한다. 그러나 어느 순간이 되면 결국 벽에 부딪힌다는 것을 경험했다. 나는 나 아닌 존재가 될 수 없고, 그러니 더 투명하게 나 자신이기를 바라는 수밖에 없다. 상처 없이 깨끗하고, 어둠 없이 맑게 빛나기만 하는 내가 되고 싶은 마음으로는 한계에 부딪힌다. 빛을 통해 배우고, 어둠을 통해 경험하고, 그림자의 춤 안에서 자유를

만나야 한다. 문득 찾아오는 가난한 마음을 허락하고,
그러다가도 두려움 없이 사랑하는 나를 응원하면서
삶이 펼쳐둔 공간으로 스스럼없이 뛰어들 수 있다면
꽃봉오리에 봄 햇살이 닿아 피어나듯 나라는 꽃이 피기
시작할 것이다.

모든 찰나가 하나의 결과물이고, 찾아온 성과는 전부
과정이기 때문에 어떤 이름을 붙이며 해냈다거나
해내지 못했다고 단정하는 것에는 늘 오류가 뒤따른다.
이 순간이 뿌리인지 줄기인지 꽃인지 우리는 시간이
아주 많이 흘러야 알 수 있을 것이다. 봉오리를
바라보는 지금은 어떤 꽃이 세상에 나올 준비를 하는지
알 수 없지만 꽃이 피어나면 그땐 알아보게 되겠지.
꽃의 과정을 믿는 것처럼 내 삶 속 봉오리에도 신뢰의
시선을 보낸다. 엉망으로 길을 잃고 헤매기만 했던 것
같은 모든 날은 잘못된 길에 들어선 게 아니라, 나다운
여정을 걷기 위해 걸음을 내디딘 날들이다. 그 순간
가장 중요한 것을 기억하려 노력했고 진실해지고
싶어서 발버둥 쳤다면 그 자체로 꽃이던 날들.
오르내리는 마음의 손을 놓치지 않고 지나온 수많은
여정의 날 역시 해낸 것 없이 해내고 있던 날이다.
알아본 만큼의 진실 속에서 모든 빛과 그림자를

경험한 것뿐, 부족한 삶이라고 비난할 필요는 없다. 지금 또한 그렇다. 무언가를 지금 하거나 하지 않거나, 중요한 것을 지금 기억하거나 잊어버리거나, 모두 그뿐이라면? 역시 할 수 있는 것은 현재, 가장 중요한 가치를 기억하며 품위 있는 선택을 하고, 그 행위를 나답게 해 나가는 수밖에.

입춘에는 완결 지으려는 마음을 비우라고 했다. 추수의 시기는 멀고 멀었으므로 수확이라는 단어를 멀리 두고 할 일을 해야 한다. 자꾸만 웅크리며 자신 없는 표정을 짓는 나를 거칠게 대하지 않고 그 곁에서 부드럽게 숨을 쉰다. 나 자신이 안아주는 포옹이 가장 따뜻하고 나에게 맞는 매가 가장 아프다. 나를 객관화한다고 여기며 영리한 척 뱉어낸 결론의 말들에 상처받지 않도록, 나에 대해 스스로 하는 말들을 멈추고 침묵의 시간으로 들어간다.

입춘에는 아홉 번 눈을 감는다. 아홉 번 고요함을 만난다. 아홉 번 할 수 있는 일을 하고, 아홉 번 할 수 있음에 감사한다. 그것으로 충분하다. 그런 다음 눈을 뜨고 만난 봄빛 가득한 세상에서는 여러 가지 봄의 모양을 사랑하게 될 것이다. 밤의 찬 공기도, 낮의 느슨함도 모두 한 계절이라는 것을 알고는 미소 짓게 되겠지. 그 둘이 내내 봄을 함께 만들어가고 있음에 편안함을 느끼기도 할 것이다. 빛과 그림자의 공존을 통해 모든 것의 너비와 깊이를 배워가는 삶, 그 속에서 마주하는 것들이 나의 우주를 확장하는 중임을 알아본다. 유일하고 유한한 생이 드디어 지난 겨울이 빚은 그릇 속에서 봄을 만난다.

입춘立春: 봄 절기 중 첫 번째로, 이날부터 새해의 봄이 시작되며 음력으로는 정월이다.

우수
사계절이라는 여행을 준비하는 절기

하늘에서 눈이 내려도 땅에는 비로 도착하는 절기,
그 이름마저 비와 물을 머금고 있는 '우수'다. 바람이
둥글어지고, 말간 얼굴로 인사하는 것 같은 비와
햇살에 흔들리는 나무들, 이제는 가지 여럿에서 새순이
돋고 있다. 어제는 집으로 돌아가는 길에 나란히
서 있는 목련과 산수유 아래에서 한참 동안 작게
돋아난 것들을 바라보았다. 따뜻한 오후의 햇빛이

만들어준 틈으로 겨울 나무는 새 계절을 받아들이며
봄 나무로 변하고 있다. 그 모습이 부러워 가만히 서서
보고 또 본다. 그렇게 나무 곁에 한참이고 서 있으면
나도 나무처럼 이 자리에서 봄의 내가 될 것 같다.

우수에는 겨울 철새인 기러기가 다시 북쪽으로
향하는 여정을 시작한다. 수만 킬로미터를 날아 다시
삶을 이어갈 장소에 도착할 기러기는 여정을 준비할
때 무언가를 더 챙기는지 혹은 비우는지 궁금하다.
300일 동안 세계여행을 한 적이 있다. 그 여정을
위해 배낭 하나에 사계절을 챙겨야 했고, 여행 가기
전부터 짐 꾸리는 데 시간과 정성을 쏟았는데도
첫 목적지에 도착해 보니 우기인 나라에 우산도
없이 왔다는 것을 알게 되었다. 도대체 나는 무엇을
준비해서 떠나야 했던 걸까. 여행 초기에는 우산이
들어 있지 않은 배낭을 메고 빗길을 걸으며 생각했다.
무얼 더 가져와야 했는지, 가져올 필요가 없는 것은
무엇이었는지. 그래도 가장 중요한 것은 잘 챙겨
왔다는 생각이 들었다. 두려워도 시도하는 용기와
겁 많고 눈물 많은 나를 홀로 두지 않겠다는 의리,
어떤 일이든 거부하지 않고 경험하겠다는 명랑함도
챙겼고, 지난날을 후회하고 고마워하는 마음도 동시에

데려왔다. 그것으로 충분하다는 생각이 드니, 가져올
필요가 없던 것은 그때부터 차례차례 내려놓으면
되었다. 시간은 충분했으니까. 지구 반대편 바닷가
마을에서 먼바다를 하염없이 보다가 삶을 향해
고맙다고 말했다. 그 말만이 내가 가져가야 하는
가장 중요한 말이었다. 아마 기러기에게 필요한 것도
그런 가벼운 마음뿐일 것이다. 무거운 짐은
먼 곳으로 날아가는 동안 방해가 되겠지. 그렇다면
요즘 기러기들은 비움이 한창이지 않을까?
잘 도착하기 위해서, 편안한 여정을 위해서 그리고
곁의 동료와 즐겁게 대화하고 사랑하기 위해서.

결심 없이도 만들어진 신념과 나 자신을 구하고
싶어서 새긴 믿음들의 수많은 문장을 본다. 그것이
삶이라는 여정을 잘 살기 위해 챙겨야 하는 것인지
비워야 하는 것인지 때로 헷갈린다. 요즘은 관계에
대해 완고하게 정리해 둔 언어들을 돌아보고 있다.
어느덧 멀어진 관계를 거듭 생각하다 보면 살면서
쌓아 올린 언어의 성 안에서 두려워지기도 하고, 미안한
마음이 들기도, 아프기도, 시원하기도 하다. 더 넓은
품으로 안을 수 없던 관계에 대해서는 습관처럼
죄책감이 크게 느껴져서 힘들기도 했다. 오래된 언어의

중력에서 가볍게 한 발을 빼내어 새로운 작은 걸음을
두고 보니, 우리 모두가 누군가와 가까워지거나
멀어지는 동안 그 안에서 각자 배워야 할 것을
익힌다는 생각으로 흘러왔다. 슬픔은 가만히 맑아진다.
사라지지는 않았지만 맑아지는 중이다. 맑고 상냥한
슬픔 하나를 한 손에 산산히 쥐고 새로운 길로 향해
간다. 나를 자유롭게 하는가? 나를 편안하게 하는가?
내가 지혜로운 선택을 하도록 돕는가? 질문해 보고
답을 들으며 한 해 동안 쥐고 있을 다음의 마음을
고르는 중이다. 씨앗과도 같은 단어들, 문장들을
농부의 마음으로 고르고 또 고르기에 참 좋은 시기다.

이 시기는 장을 담그는 때이기도 하다. 태어나
처음으로 장을 담그는 사람의 마음을 그려본다.
가르쳐준 이의 말대로 독도 준비하고 소금물과 콩도
준비하고, 콩을 잘 불린 후 푹 삶아서는 절구에 찧어
콩이 제 모습을 잃게 했을 것이다. 뭉쳐서 덩어리를
만들고, 말리고, 독 안에 넣고는 기다리는 시간. 얼마나
궁금할까. 중간에 실수했으면 어쩌지? 걱정스러운
마음이 올라올지도 모른다. 그렇다고 매번 독을 열어
맛볼 수도 없고 그런다 한들 실수가 있었는지 때가
될 때까지는 알 수도 없을 것이다. 아직 장맛을 보지

못했으니까 이리저리 손을 댄 콩들이 정말 그 맛이
나는지 도무지 상상할 수 없고, 경계에서 별도리 없이
의심하게 될지도 모르겠다. 장을 처음 담그는 사람이
막연해도 시도하고 기다리는 것처럼, 같은 마음으로
지금의 삶 속에서 나와 대화를 시작한다. 장맛을
볼 때가 되어서야 비로소 정확하게 일련의 과정을 알게
되는 것처럼, 시간이 흐르고 나면 삶이 답해줄 것이다.
장 담그듯 해야 할 질문을 자신에게 하고 시간이 일을
하는 동안 담담하게 뚝심을 발휘하며 나의 이야기들을
기다린다. 기다리고 있지만 애타지 않는 마음으로,
기대하겠지만 서두르지 않으면서.

결국 먼 곳까지 안고 갈 진실은 모든 것이 계절처럼
흘러가거나 돌아온다는 것뿐이고, 우리가 정말
이해해야 할 것은 나를 둘러싼 풍경이 아니라 무언가가
다녀가는 동안 경험하는 나 자신일 뿐이다. 관계나 꿈,
우정이나 사랑에 대해서도 연결된 사람들과 만들어낸
풍경을 이해하려고 인생을 온통 쓰기보다 그것을
마주하며 내가 지은 표정을 한 번 더 살펴보기로 한다.
나를 온전히 받아들이고 이해하게 되었을 때 상황은
다른 맥락을 갖게 될 것이다. 이 순간 나는 초입에
있으나 또한 과정 속에 있다. 어쩌면 언제나 그렇다.

그러하다는 것은 축복이고, 그것을 전적으로 믿는다는
것은 더욱 큰 축복이다. 이제 시작이니까 배우면
된다는 마음으로 점점 더 나은 질문을 하게 되기를
바라며. 장을 담그는 사람처럼 빛과 어둠, 바람과 비,
스며드는 봄의 온기와 함께 멀리 떠나는 기러기들에게
다짐을 전한다. 너희가 돌아올 무렵에는 한결 더
자유롭고 편안한 사람이 되어 있을게.

우수雨水: 봄 절기 중 두 번째로, 겨울을 지나 봄이 되어
눈이 녹아 비로 내린다고 한다.

경칩
아직 모르는 세계가 사랑을 전하는 절기

강가에 살고 있다. 서울을 가로지르는 긴 강의 어느 자락, 자동차나 자전거 때로는 대교 위를 걸어 강을 건넌 뒤 횡단보도 하나를 지나 동네로 들어오면 얼마 되지 않아 지금 사는 집이 있다. 그러니 자연스럽게 산책은 주로 강가에서 하게 된다. 한겨울 추위에 강 표면이 얼어 반짝이는 날에도, 한여름 햇살에 초목이 무성해질 때도 강가를 걷는다. 이 동네에 살면서부터 계절은 하늘에 먼저 도착한다는 것을 몸으로 배웠다. 산책하다가 흙길을 걸을 때면 신발 너머로 냉기와 온기를 느낀다. 보이는 것은 봄인데 여전한 겨울을 만난다. 이전까지 알고 있던 봄에 새로운 표정이 포개지고, 아는 것 너머에 모르는 게 수없이 얽혀 있다는 걸 배운다. 겨울을 보내며 매서운 추위에 딱딱하게 얼어붙던 땅이 녹아 부드럽게 풀어지기까지는 얼마의 시간이 필요할까. 땅은 우아한 걸음으로 천천히 봄에 도착했다. 걷는 동안 온기 머금은 땅을 느끼는 요즘의 산책길, 돋아난 싹은 보이지만 땅속에 더 커다랗게 퍼져 있을 뿌리는 보이지 않는다. 봄빛의 하늘은 보이지만 겨우 부드러워지는 땅의 온기는 고개를 숙여야만 알아볼 수 있는데 그것마저 만져보기 전까진 알 수가 없다. 아이러니하게도 어느 아득한 세계 속에서는 그게 희망이 되기도 한다. 보이는 것이 전부라고 생각하면 오히려 발걸음이 무거워지고 한 걸음 내딛기도 어려운 날, 보지 못한 것이 여전히 많다는 사실이 나아갈 방향을 알려주는 빛으로 도움을 준다. 아직 모른다는 것이 계속 걸을 용기가 된다.

의도하거나 노력한 게 아닌데도 일어나는 일들이 있다. 아니 솔직하게는 아주 많다. 내가 걷고자 한 것도 아닌

길을 걷는데 어느 순간 '이 길이 내가 걸어야만 하는
길이었구나.' 여정 속에서 기적처럼 확신하게 될 때
수많은 마음의 탄생과 행방의 이유가 궁금해진다.
결국은 이렇게 상상하지 못한 곳에 들어서게 되는데
왜 그렇게 예상하려 하고, 기대와 다르다며 실망하고,
모르는 게 당연한 걸 막막해했을까? 삶은 매번 알 수
없는 길로 나를 데려가 걷게 했는데.

그런데 돌아보면 그렇게 고집부리고, 애쓰고, 포기하지
못한다며 바둥대고, 그러다가 어쩔 수 없으니 지쳐서
힘을 빼고. 그런 과정 덕분에 지금 바로 여기에,
이 모습으로 도착한 것이기도 하다. 참 이상한
일이라고 갸웃거리고 만다. 그렇다면 의도하지도,
상상하지도 않았는데 일어난 일일수록 삶에 꼭 필요한
게 아니었을까? 내가 계획을 세우거나 힘을 쓰지
않았는데 어떤 일이 벌어졌다는 것은 누군가 먼 곳에서
힘을 쓴 게 아닐지 하는 마음이 든다. 모두 내 힘으로
이루려 하고, 그때까지 소소하게 이룬 것이 전부
내 노력이었다고 여기던 시절에는 어떤 일이 조금
잘되면 나도 모르게 어깨가 높아졌다. 그땐 몰랐는데
돌아보니 그랬다. 그래서 어떤 일이 잘 안되면 벌을
받는다고 생각하며 풀이 죽거나 내가 뭔가를 덜 해서

그런가, 어디부터 잘못되었나, 나의 잘못을 샅샅이 뒤적거리느라 자주 무릎에 힘이 풀려 오래 엎드린 채 몸을 세우지 못했다. 일어나고 일어나지 않은 것 뒤에 내가 모르는 힘이 있다고 믿으면 어떤 일이 잘될 때는 전보다 겸손해지고, 어떤 일이 잘 안되면 배워야 할 게 그곳에 있기에 그런 거겠지, 하며 무너진 자리에서 실컷 울고 적당한 때에 일어날 수 있게 된다. 그러니까 그 믿음은 내게 날개가 되어준다.

겨울잠 자던 동물들이 봄기운에 놀라 깨어나는 '경칩', 옛사람들은 은행나무 씨앗을 나누며 사랑을 고백했다고 한다. 은행나무 씨앗은 껍질이 아주 단단해서 실제로 보면 여기에서 진짜 싹이 날까 싶은데 한 번 틔우면 천년을 산다. 두 팔 벌려 끌어안으려 해도 품에 차고 넘치던 오백 년 산 은행나무는 누군가의 사랑 고백이었을까. 씨앗 속에 그렇게 긴 생이 담겨 있다는 사실은 머리로는 이해해도 마음속에서는 늘 놀랍기만 하다. 다 피어난 꽃으로 꽃다발을 만들어 선물하는 요즘과 달리 씨앗으로 은근하게 사랑을 전하는 마음이라니. 씨앗 속에 담긴, 아직은 보이지 않는 세계를 신뢰하는 마음이라니. 옛사람들은 왜 그렇게도 아름다운 걸까.

"우수에 풀렸던 대동강이 경칩에 다시 붙는다."는 말처럼 경칩에는 날이 다시 조금 추워진다. 엊그제는 산책하다가 가늘게 흩날리는 눈을 보며 봄에 무슨 눈이냐고 투덜거렸지만, 눈이 온기를 머금은 땅에 도착하자마자 온데간데없이 사라지는 장면을 보며 봄은 봄이라고 웃기도 했다. 쉽게 단정 지을 수 없는 자연의 자연스러움이 웃음을 초대한 셈인데, 봄을 맞이하는 삶에 여전히 불어오는 찬 바람 곁에서도 자연과 닮은 마음을 불러온다. 서둘러 결론 내리며 지금을 정리해 버리지만 않는다면 우회로를 알리던 표지판조차 가장 적절한 때에 세워진 친절한 안내판이었다는 것을 믿게 된다. 생이 지닌 복잡함과 다양한 표정들, 뒤늦은 것 같아도 가장 좋은 때에 오고 마는 것들, 이르게 가는 것 같아도 정확한 때에 가는 것들을 향해 두 손을 모을 수 있다. 계획에서 벗어난 길에서 우연히 마주한 저녁의 풍경도 좋다. 지금의 마음이 내 삶으로 전해져 씨앗이 되고, 거기에서 싹이 튼다면 내 삶이라는 은행나무는 꽤 커다란 그늘을 선물해 줄 것이다.

내게 날개가 있다는 것을 내가 잊지 않았으면 좋겠다. 날개는 등 뒤에 있어서 앞만 보며 바쁘게 걸을 땐 종종

잊고 말지만 바람을 느끼는 동안에는 존재가 분명하게
느껴진다. 바람을 맞으며 산책하고 발걸음을 통해 땅을
마주해야 할 이유가 여기에 있다. 깨어나는 동물들처럼
잠에서 깨는 마음, 보이지 않는 세계를 신뢰하며 걷는
여정의 초입. 새 학기를 맞아 새 친구와 친해지고
싶어서 조심스럽게 다가가는 아이처럼 날개를
만져본다.

경칩驚蟄: 봄 절기 중 세 번째로, 만물이 겨울잠에서
깨어나는 시기이며 날마다 따듯해져 완연한 봄으로 향한다.

춘분
새롭게 채울 빈자리를 준비하는 절기

어둠 속에서 깊은 잠을 자고 아침 빛에 눈을 뜨면
양치 후 잠시 명상을 한다. 작고 동그란 원석이 108개
이어진 말라를 호흡 한 번에 하나씩 넘길 때도 있고,
손가락을 접어보며 호흡의 숫자를 셀 때도 있다.
대부분은 그렇게 다녀가는 숨을 살피며 시간을
보내지만, 요즘은 잠에서 깨어 눈을 뜨자마자 그리고
잠들기 전 눈 감았을 때, 매일 '고맙습니다.'라는

말이 잔상처럼 떠오른다. 그 말을 입과 마음 안에
머금고 굴리며 한동안 '고맙습니다, 고맙습니다.'
반복하면서 명상을 조금 더 한다. 며칠 전에는 책을
읽다가 그 말미에 '감사합니다.'만 남으면 된다는
문장을 발견하고는 적어도 아침저녁으로는 그 마음만
가득하던 것에 고마움이 일었다. 그렇게 명상하고 나면
따뜻한 물이 마시고 싶어져서 전기 포트에 물을 채우고
잠시 기다린다. 시선을 거기에 둔 채 무엇도 하지
않으며 멍하니 머무르는 찰나가 고요하게 빛난다. 물이
끓으면 컵에 반이 조금 넘도록 채우고, 정수를 더해
따뜻한 물을 천천히 마신다.

몸도 마음도 생각도, 그것으로 구성되는 나의 삶도
잠시 비어 있는 그 순간, 온기 있는 물이 몸속에
들어오면 깨끗하고 투명한 액체가 목구멍을 타고
가슴으로, 배로, 느긋하게 아래로 내려가는 것이
느껴진다. 비어 있으면 찾아오는 것들에 대한
감수성이 높아진다. 입안이 가득 차 있을 때는 아무리
좋은 반찬을 먹어도 그 맛을 온전히 느끼지 못한 채
자극적인 맛만 알아보며 씹게 되는데, 비어 있는
입으로 들어온 새로운 반찬은 온도나 단맛, 짠맛이
모두 잘 느껴져 맛을 충분히 누리는 기분이 든다.

비워진 상태 속 맑은 가벼움에 미소 짓던 것과는
또 다른 기쁨이 빈자리에 무언가 채워질 때 펼쳐진다.

살아오는 동안 다양한 경험을 하고, 예상하지 못하던
표정을 만나고, 준비하기도 전에 마주한 풍경에 때로는
가슴에 감정이 얹히기도 한다. 얼마 전 친구와 이야기를
나누다 무심코 해버린 말 속에서 지난 상처를 가벼이
여기며 못 본 척하는 내가 보였다. 여전히 떠올리면
마음이 아픈데도 그렇게 오래 아파할 일 아니라고,
큰일도 아닌데 이제 그만 툭툭 털어내라며 자신에게
서두르고 있음을 깨달을 때, 내게 미안한 마음이 든다.
타인의 슬픔 곁에서는 감정이 지나갈 때까지 온전히
슬퍼하라고, 서둘러 빠져나오는 것은 자기 자신한테
폭력적인 행동이라 말하면서도 나에게는 그걸
잘 해주지 못하는 날들. '소화'는 상처의 자리를
무턱대고 전력 질주해서 지나쳐버리는 것이 아니라
내 속도대로 정성스러운 걸음을 걸으며 거칠어진
자리를 쓰다듬어야 가능하다. 선명하던 흔적이 점차
희미하게 보일 때까지 눈길을 거두지 않으며 한 시기를
통과한다. 서두름없이 겪은 여정이 선물해 준 빛과
그림자를 고루 존중하고 감사할 수 있을 즈음에는
감정이 하류로 흘러가 캄캄하고 묵직한 것들은 모두

빠져나가고, 빛의 조각만이 작아진 조약돌처럼 산뜻한 질감으로 남는다. 필요 없는 무거운 것들이 자연스레 빠져나간 빈자리를 준비하는 게 새로운 날을 향한 제일 중요한 준비물이다.

봄 춘春, 나눌 분分. '춘분'이라는 글자에는 봄을 둘로 나누면 존재하는 중심, 그 시기에 우리가 도착했다는 말이 담겨 있다. 춘분에는 낮과 밤의 길이가 드디어 같아지고, 지금부터 하지까지는 계속해서 낮이 길어진다. 추분이 될 때까지 밤보다 조금이라도 긴 낮을 누리게 될 것이다. 낮이 길어지는 시기이지만 봄을 시샘하는 꽃샘추위 때문에 몸은 자꾸만 움츠러든다. 따뜻한 빛 속을 달리고 싶은데, 두꺼운 겉옷을 입어도 자꾸 옷깃을 여미게 되는 차가운 바람 탓에 달리기는커녕 어느 날에는 산책도 망설인다. 그래도 농사를 짓는 사람들은 이 무렵에 더 이상 늦장 부릴 수 없어서 봄보리를 심기 위해 밭을 간다. 겨우내 딱딱하게 굳어진 땅에 바로 씨앗을 뿌릴 수는 없으니 땅을 부드럽게 하고 두렁에는 말뚝을 박으며, 봄의 일을 봄답게 해낸다. 춘분에 밭을 갈지 않으면 일 년 내내 배부르지 못하다는 말이 있는데, 찬 바람이 다시 겨울을 초대한 듯해도 기운 내서

새로운 농사를 시작해야만 때를 놓치지 않는다고
조언하는 옛사람들의 마음이 담겨 있다.

쌀쌀해서 팔꿈치를 어루만지게 되지만 그래도 산책
삼아 강가를 걷다 집으로 돌아온다. 여러 갈래 중
강가의 길을 택하면 새순이 돋아나는 버드나무와
길어지는 해, 오늘의 빛 그 뒤꽁무니까지 강물에 담긴
모습을 볼 수 있다. 목련 나무는 곧 하얀 폭죽을 터뜨릴
준비를 하고 있다. 강물에 둥둥 떠 있다가 물속에
다녀오는 오리의 움직임을 한참 보는 동안 해가 지고
말았다. 해가 지는 것은 한순간이고, 나는 내가 아닌
사람이 되고 싶지는 않다고 이제 와 말한다. '그럼
됐어, 새로운 봄을 새롭게 맞이할 준비는 그것으로
충분해.' 마음이 비워진 자리에 새로운 언어가
떠오르자 어떤 경험 하나가 소화되었음을 그제야 알게
된다. 새롭게 출발하기 위해 돌아와야만 했던 나의
자리는 여기였다. 새롭게 채워지는 것이 잘 보이고,
더욱 음미할 수 있는 맑게 비워진 자리. 한 해의 첫
농사가 시작되는 춘분, 지금의 삶이라는 땅을 부드럽게
갈고 새출발을 준비한다. 어둑해진 길, 보행자 작동
신호등의 반짝거리는 붉은빛 속 동그라미를 누르고
길을 건넌다. 안전하게 열린 길이 내 앞에 있다.

봄을 시샘하는 바람 속에서 우리들은 봄이 코앞에 도착했음을 느낀다. 아침은 전보다 일찍 찾아올 것이고, 조금씩 길어지는 빛의 시간에 대한 지구의 약속은 나무가 하늘을 향해 자라도록, 내 마음의 비워진 자리에 푸르고 향기 나는 것들이 피어나도록 도와주리라는 걸 믿을 수 있다. 이제, 계절에 몸을 맡기고 따뜻함에 기대어 나아갈 때가 왔다.

춘분春分: 봄 절기 중 네 번째로, 일 년 중 낮과 밤의 길이가 같고 추위와 더위의 길이가 같은 시기다.

청명
수월하게 싹이 돋고 뿌리 내리는 절기

계절의 초대장을 알아본 사람들이 매일 나무를 올려다보는 시기가 왔다. 그들은 이제 막 피어나는 것을 보며 맑은 빛으로 부풀어 오르는 마음을 감추지 않는다. 춘분 이후 해가 길어지면서 계절은 성큼성큼 미뤄둔 걸음을 걷기 시작했다. 하루가 다르게 어떤 꽃은 피고, 어떤 꽃은 벌써 지는 중이다. 봄이 짧다고 말하던 시절도 있었으나 다시 보면 봄은 하나도 짧지 않다. 황량하게 시작하여 어느새 피어나는 모든 과정을 눈여겨보다가, 꽃이 지고 나면 세상이 초록빛으로 덮여간다. 여름이 인사를 건네올 때까지 봄날은 언제나 풍성하다.

아침저녁으로도 부드러운 바람이 어깨를 안아주는 느낌이 들어서 전보다 얇은 외투를 걸치고 밖으로 나섰다가 3분쯤 걸었을까, 답답한 느낌이 들어 멈춰 섰다. 낮이 길어지기도 했고, 봄이 하늘과 땅에 도착한 지도 꽤 되었으니 이제 켜켜이 쌓아둔 계절의 온기가 봄의 걸음을 재촉할 때가 되었다. 마음이 간지러워질 만큼 다정한 날씨에 결국은 집으로 돌아가 외투를 벗고 헐렁한 후드티에 면바지 차림으로 갈아입었는데 하나도 춥지 않다. 집 근처 벚나무들이 줄지어 늘어선 벚꽃 터널에 사람들이 하나둘 모여들기 시작했다. 나무가 겨울과 사뭇 다른 색을 띠는 것은 흐르는 계절이 보여주는 자연스러운 회복. 때 되면 돌아오는 명랑함에 덩달아 어깨를 펼치고 싶은 이들은 나무 곁으로 몰려가 이리저리 팔을 뻗으며 사진을 찍는다. 이렇게 많은 사람은 모두 어떤 소문을 어디에서 듣고 얼마나 길을 걸어 여기에 도착한 것일까. 이 무렵만 되면 터져 나갈 것 같은 동네를 걸으며 궁금해진다.

한 가지 확실한 것은 '지금'이 아니면 올해는 이 풍경을
더는 볼 수 없다는 한마음으로 간절한 시간을 보내는
중이라는 것이다. 늘 그 자리에 있는 나무와 오늘은
사진 한번 남겨보려고 이리저리 움직이는 모습들을
멀리서 바라보면 어쩐지 애틋해진다.

언젠가 좋아하는 선배가 그런 이야기를 했다.
"그러니까 있잖아, 기운이 날 때 뭐든 많이 해둬.
그래야 기운이 없어졌을 때 그 힘으로 몇 계절을
살아가게 되니까. 인생은 그렇게 굴려 가는 거야.
오르락내리락하거든, 나를 돌보는 그 기운이라는 게.
저축해 두는 느낌으로 많이 보고, 많이 경험하고,
힘이 있을 땐 사람들을 많이 만나. 나중에 마음이 저기
바닥보다 더 아래로 가라앉을 땐 좋은 시절에 만나서
마음을 나누던 사람들이 또 곁으로 찾아와 힘이 되어줄
테니까. 지금처럼 말이야." 끝도 없이 추락하던 마음,
그리고 여기는 밑바닥 중에서도 밑바닥. 더 내려갈
곳이 없어서 이제는 고개를 들어야 하나 싶던 날에
만나 그간의 마음을 이야기하다가 들은 말이다. 선배는
그 무렵 우리가 함께 보낸 호시절을 이야기했다. 늦은
시간까지 춤을 추고 전철 막차에 겨우 올라타 집으로
오면서도 하나도 피곤하지 않았던 날들, 서로가 궁금해

집을 오가며 맛있는 음식을 나눠 먹던 날들, 보름달이
뜬다고 동네에 모여 뒷산 중턱을 오르던 어느 밤과
늘 같은 자리에 있는 동네 유적들을 살펴보자면서
경복궁 일대를 걷던 여름 한낮이 우리에게 있었다.
그런 호시절을 함께 보낸 사람들이 여전히 곁에 남아
오늘분의 새로운 웃음을 만드는 장면을 지켜보다가,
'만약' 춤추러 갈 용기를 내지 못했다면 어떤 삶을 살고
있을까 아득한 마음으로 질문하게 된다.

스윙 재즈를 틀어둔 바에서 사람들이 춤을 춘다는
문장에 홀린 듯이 혼자 찾아갔던 '피에스타'라는
스윙바. 용감한 척 갔지만 겁이 많아서 안으로
들어가지 못한 채 한참을 서성거렸다. 출입구의 문턱이
꼭 내 키보다 큰, 넘을 수 없는 벽처럼 느껴졌는데
조그마한 아이 하나가 계속 왔다 갔다 하는 모습을
알아챈 한 사람이 함께 들어가자고 이끌어준 덕분에
그 세계로 걸어갈 수 있었다. 이제는 소식도 모르는
그 언니가 손잡아 주지 않았다면 어땠을까. 어쩌면
춤을 춰보고 싶어서 갔지만 결국은 들어가지 못한
사람으로 살아가고 있을지도 모른다. 거기에서 만난
수많은 사람들, 그들과 나눈 대화와 시간은 지금의
내가 이 모습으로 존재할 수 있도록 인생 초입의

중요한 방향키가 되어주었다. 그렇게 수많은 만약을 거듭 합하며 셈을 하다 보면 역시 일어나지 말았어야 할 일은 없고, 시도한 모든 것은 다행스러운 일이다. '만약'이라는 말은 참 연약한데 그 연약한 말에 기대어 가끔은 위로받고, 새로운 꿈도 꾸고, 지금에 감사하는 마음을 초대하기도 한다. 아마 그게 나의 허약하고 귀여운 점일 것이다.

"'청명'에는 부지깽이를 꽂아도 싹이 난다."고 말할 정도로 무엇이든 시작하기만 하면 어느 때보다 수월하게 뿌리가 내리고 싹이 돋아나는 축복의 시기에 도착했다. 나는 이 계절의 도움을 받아 수많은 '만약'이라는 배를 띄워 바다로 보내기로 한다. 만약에 지금 이것을 한다면 나는 나중에 어디에 도착하게 될까? 호기심 가득한 질문을 하면서, 금세 돌아오지 않을지도 모르는 많은 것을 싣고 노를 젓는다. 만약의 주체가 '타인'이 아닌 '나'여야 하고, 만약의 뒤에 '과거'가 아닌 '현재'를 붙여두면 된다. 수많은 만약들은 내 삶의 좋은 안내자가 되어줄 것이다.

아직은 이름 없는 마음에 대한 사랑도, 언젠가 도착하고 싶은 풍경에 거는 기대도, 언제 멀어질지 알 수 없지만 지금 곁에 있는 사람들을 향한 다정도 모두 만약이라는 배에 싣는다. 봄바람이 가볍게 배를 밀어줄 것이고, 어디에 도착할지 모르지만 바람이 만들어준 길 따라 우선 노를 저어본다. 지금 마주하는 것들을 누리고, 미래의 모습을 상상할 수 없는 많은 시도를 시작한다. 오늘이 아니면 더는 없을 꽃나무 아래 풍경을 사랑하는 사람과 올려다보고, 어려워하던 것 하나를 더 해보고, 나를 좋은 곳에 데려가 웃게 한다. 못난이 같은 내 모습을 다른 눈으로 지켜보고 사랑하기 위해, 마음이 사랑 쪽으로 기울어질 때까지 그 방향으로 걸어보기도 한다. 보이지 않고 믿기 어려우니 아무것도 안 하는 것보다 어떻게 변할지 모르는 막막함을 그대로 느끼며 그냥 하는 편이 좋다.

삶의 바다를 유영하다 언젠가 도착한 뭍에서 마침 마주한 배 하나가 내게 이야기해 줄 것이다. "그때 띄워 보낸 '만약'이 바로 지금 곁에 있는 친구를 초대했어."

청명淸明: 봄 절기 중 다섯 번째로, 하늘이 차츰 맑아져 농사 준비를 시작하기에 알맞다.

곡우
비옥한 토양으로 씨앗을 환영하는 절기

평소보다 퇴근이 늦어진 날이었고, 조금 지친 몸과 마음으로 집을 향해 걷고 있었다. 가장 빠른 길로 걸어서 도착해 따뜻한 물로 샤워하고 시원한 맥주를 한잔하고 싶은 마음만 가득하던 온통 고단한 밤. 서둘러 걷는데 어디에서 출발했는지 모르는 보랏빛 달큰한 향기가 바람을 타고 흘러와 코끝에 닿았다. 짐도 두 손 넘치도록 들고 있는데 나도 모르게 홀린

듯, 향기가 출발한 곳을 찾아 길을 되짚어가다가 어느 대문 앞에서 멈췄다. 라일락 꽃무리가 대문 머리맡에 흐드러지게 피어 바람에 흔들리고 있는데, 밤하늘의 하얀 별들처럼 빛났다. 짐을 땅에 내려놓고, 대문을 등진 채 꽃무리 아래 서서 눈을 감았다. 향기가 머리 위로, 어깨, 배, 다리와 발끝으로 내려앉아서 꼭 샤워기를 머리맡에 걸어둔 것처럼 몸과 마음이 부드럽게 풀어졌다. 라일락 향기가 동네 곳곳을 채울 무렵이 되면, 이제는 마음을 잘 정해서 나아가야 하는 때가 왔다고 가만히 내게 이야기한다. 사람마다 힘든 계절이 제각각일 텐데 나는 매년 겨울 말미부터 천천히 날이 풀어지다가 딱 이 무렵, 그러니까 곧 여름이 되겠구나 싶은 곡우 즈음까지 어려운 몸과 마음을 겪곤 한다. 해가 길어지면서 절정에 달한 한기가 빠져나가고 새 생명 품을 땅이 준비될 때까지, 어려워하던 것은 더 어려워하고 수월하게 하던 것마저 어떻게 했는지 기억이 나지 않는 듯한 마음이 된다. 라일락 향기가 아침저녁으로 일상에 스며들면 그제야 정신을 차리고, 전부 지금 시작되고 있다는 것을, 지금은 단지 씨앗을 심으면 되는 시기라는 것을 알아챈다. 가벼워진 옷차림처럼 가다듬은 마음으로, 바람에 흔들리는 연둣빛 나뭇잎처럼 자연스럽고 기분 좋게 응어리들을 흔들어 풀어낸다.

'곡우'는 못자리에 사용할 그해의 볍씨를 준비하면서 본격적으로 씨앗을 심고 나아가는 시기다. 소한과 대한에 씨앗을 준비했고, 입춘과 춘분 무렵 도착한 봄의 기운이 언 땅을 녹였다. 청명의 따뜻한 기운이 공기를 덥히면 곡우에는 준비해 둔 씨앗을 심어야만 한다. 이제는 정말 씨앗을 심어야 한 해를 무사히 살아갈 수 있다. 옛사람들은 벼의 씨앗을 소금물에 담가 살균과 살충을 했는데, 그동안에는 부정 타는 일을 최대한 하지 않으려 노력하며 정성스럽고 맑은 마음으로 농사를 준비했다. 그렇게 준비한 못자리에 비가 내려 물이 충분해야만 하기에 절기도 곡우라는 이름을 가졌다. 실제로 비가 많이 와서 붙여진 이름이라기보다 봄비가 내려 곡식을 윤택하게 해주기를 바라는 마음이 만들어낸 이름. "곡우에 비가 오면 풍년이 든다."는 말이 있다. 이 무렵에 비가 와야 비옥한 땅에서 싹 튼 벼들이 무럭무럭 자라기 때문이다. 옛사람들은 곡우에 기우제를 지내며 비를 기다렸는데, 그러면 반드시 비가 내렸다고 한다. 왜냐하면 비가 내릴 때까지 기우제를 지냈기 때문에(웃음)! 우스갯소리 같은 심심한 맛의

이 이야기를 나는 정말 많이 좋아한다. 처음 기우제 이야기를 들었을 땐 무슨 그런 숭늉 같은 말이 다 있냐면서 코웃음을 쳤지만 곱씹을수록 고소하고 다정한 맛이 나는 것 같아서 갈증이 날 때면 몇 모금 더 삼켜보고 싶은 이야기가 되어버렸다. 간절함은 그런 것이다. 비가 와야만 한 해 농사를 잘 시작할 수 있는데, 비가 안 온다고 벌써부터 포기할 수는 없다. 비가 올 때까지 바라고 또 바라고, 할 수 있는 일들은 전부 해보면서 기다려야만 한다. '비가 오지 않으면 어쩌지?' 같은 생각은 한 톨도 필요하지 않다. 그런 생각은 비를 초대하지도 않고, 마음이 편안해지도록 도와주지도 않으며, 할 수 있는 일을 가르쳐주지도 않으니까. 소망하고 노력하는데도 내가 바라는 대로 되지 않는 기분이 들 때면 '기우제를 지내는 마음'이라고 가만히 소곤거리는데, 그럼 든든하고 따뜻해서 한동안 머금고 있다가 씩 웃으며 숨을 고를 수 있다.

지금, 여기로 오는 동안 수많은 것을 보고 듣고 경험했다. 그러는 동안에 확고해진 신념들은 오늘을 안전하게 살아가도록 울타리가 되어주기도 하지만 빛을 가리는 장막이 되기도 한다. 모든 것에 빛과

그림자가 있듯 이 또한 마찬가지 아닐까. 당연하게
하고 마는 생각 반대편에는 던져보지도 못한 질문이
쌓여간다. 돌볼 생각을 한 적조차 없는 나의 모습들이
고개를 살포시 내밀고 낯선 돌부리가 삶에 등장할 때,
그게 좋은 것인지 어떤지도 잘 모르면서 긴장부터
한다. 모르는 눈으로 그 순간을 본다면 굳어진 표정이
풀어지지 않을까. 그렇게 생각하다가 이내, 많은 것을
기억하기 때문에 편안하고 느긋한 눈빛이 될 수 있던
사람들이 떠오르면 어쩌면 태도의 문제인지도
모르겠다는 생각 또한 한다. 어떻게 살아야 하는 거지?
요즘은 조금 알 것 같던 것까지 전부 모르겠다.
어떤 문을 통과해 들어오거나 또 나왔는지 모두 다
기억하면서도 한편으로는 다 잊은 것처럼 맑은 눈과
마음으로 살고 싶은데, 그러기 위해서는 초능력이
필요한가 보다.

새로운 질문을 계속 발견하는 삶. 아직 답을 모르는
질문을 안고도 겁내지 않는다. 미래를 모르는 씨앗을
심고 비를 기다리는 농부처럼 설렌 마음으로 살아가는
날들을 소원한다. 잘 해내지 못할까 봐 포기를
고민하기보다는, 비가 올 것을 믿어 의심치 않으며
기우제를 지내는 옛사람들처럼 삶과 자연을 신뢰하길

바라는 마음을 씨앗으로 심는다.

나의 가슴이 바라는 것은 이미 오래전에 마주한 마음의 기억들이 빛나는 여정을 위해 초대해둔 작은 표지석이다. 새롭게 만나니까 서먹한 기분이 들 수 있지만 그 모든 것은 내 삶을 통과한 씨앗들. 씨앗을 헤아려 심는 나는 조금 더 용감해지기로 한다. 표지석 덕분에 알아본 방향으로 걸음을 내딛는 동안 아주 먼 곳에 있는 것 같던 문고리가 손이 닿을 만큼 가까워졌다는 걸 알게 될 테고, 그 문으로 들어가기도 하겠지. 감사하는 마음은 오목하게 모은 두 손 같다. 지금이 무심히 쏟아지지 않고 소복하게, 사랑스럽게 삶에 담기도록 안아주는 마음. 그러니까 감사하는 마음은 지금을 단순하고 행복하게 살아가도록 돕는 초능력인지도 모른다. 간절함의 절기인 곡우에는 사랑하는 것은 사랑하고, 모르는 것은 모르는 채로 두고, 소망하는 것은 소망한다. 비가 올 때까지, 비가 올 것을 믿으며 기우제를 지내는 옛사람들처럼. 이곳의 나는 나의 초능력에 조금은 의지한 채로 나답게.

> 곡우穀雨: 봄 절기 중 여섯 번째로, 봄비가 내려 온갖 곡식을 기름지게 만든다.

두 번째, 여름

입하
무성함 속 틈을 만들어보는 절기

내 안에서 발견된 자그마한 마음 하나가 온몸에 꽉 차는 느낌이 들 때 할 수 있는 건 두 가지다. 하나는 고요히 눈 감을 자리를 찾아서 이미 일어난 일도, 아직 일어나지 않은 일도 전부 모른 척하며 지금 오가는 숨에만 집중하는 것. 그렇게 잠시 시간을 보내면 마음은 원래 크기로 돌아와 '무슨 일 있었어? 왜 심각한 표정이야?' 아무것도 모른다는 눈빛으로 나를 본다.

또 다른 하나는 우선 밖으로 나가서 나무 아래에 서는 것. 동네에서 자주 만나는 나무 친구인 '단풍이'의 몸에 손을 얹고 숨 쉴 수 있다면 제일 좋지만 어디에서든 나무를 올려다보면 된다. 비가 와도 좋고 햇살이 내리쬐는 날도 좋고 바람이 불거나 눈이 내려도 좋다. 어디든 지금의 날씨를 담담하게 마주하며 자연스럽게 흔들리는 나무를 보면 숨이 잘 쉬어진다. 마음은 결국 흘러가고 지나가는 날씨 같은 것, 때가 되면 지나가고 돌아오는 마음에 무슨 문제가 있겠나 생각하게 된다.

어린이날 무렵 '입하', 여름이 시작된다. 시작되는 계절 속에는 봄과 여름이 함께 있는데 그래서인지 고마워하자면 끝이 없고, 또 불평하자면 그것도 끝없이 투덜댈 수 있을 것 같다. 여름을 기대하는 나는 보통 서늘한 바람에는 서운해하고 뜨거운 볕에는 환영 인사를 하게 되는데, 돌아보면 다른 두 가지가 함께 있기에 지금이 사랑스러운 시기임이 분명하다.

계절의 호의를 누린다. 적절한 간격으로 불어오는 바람은 안전하게 마주 잡은 손 같고, 해를 등지고 서면 몸의 뒷면을 따뜻하게 데우는 햇볕은 어루만지듯 안아주는 부드러운 품 같다. 봄에서 여름으로 향해가는 길목은 어떤 계절의 이동보다도 반가워서 자꾸만 손을 뻗어 나무를 쓰다듬고 피부에 닿는 햇살을 만져보게 된다. 여름이 돌아오는 중이라는 것, 새로운 여름이 오고 있다는 것. 여전하지만 매번 새롭게 반가운 여름의 기척은 굳어졌던 몸도 마음도 그 계절처럼 밝고 환하게 펼쳐준다. 어린이날을 맞이하여 함성을 지르며 운동장으로 쏟아져 나오는 어린이들처럼 초록이 명랑하게 넓어진다. 매일 조금씩 몸을 멀리 뻗는 나뭇잎에 다다른 빛은 땅에서도, 담벼락에서도, 누군가의 집 창문에서도, 닿은 모든 자리에서 춤을 춘다. 걷다가 그 모습이 보이면 걸음을 멈추고 한참 바라본다. 사랑해서일까, 나무들은 그림자도 아름다워 보고 또 보게 된다. 해 질 무렵, 하루의 마지막 빛은 한낮보다 노란색이 강해지는데, 그 무렵의 산책이 가장 빛나는 계절 또한 여름이다. 걷기만 해도 마음에 틈이 생겨나는 축복이 걸음마다 발끝에 닿는다.

입하 무렵에는 모든 것이 무성해진다. 곡우를 지나며 씨앗을 뿌린 자리에 물이 채워지고 서서히 데워진 땅에 온기가 차오르니, 땅에 심어둔 모든 것은 무럭무럭 큰다. 힘차게 생동하는 동안 자라나기를 기대하는 것들만 쑥쑥 크면 제일 좋겠지만, 농작물 곁의 잡초도 함께 무성해진다. 그래서 농부들은 이 시기에 자라나는 농작물도 돌보면서 잡초도 뽑아야 해서 무척 바쁘다. 잡초도 같이 큰다고 불평하는 농부가 있을까? 불평할 시간에 낫을 들고 잡초를 베지 않을까? 농부들에게 잡초는 매년 찾아오는 당연한 손님일 것이다.
자연스럽게 함께 크는 것, 그러니 내가 남겨두고 싶은 것인지 아닌지만 헤아리면 된다.

할 수 있는 일을 열심히 하는 동안 같이 커지는 마음이 있다. 멋진 결과물을 만나고 싶은 마음과 기분 좋게 채워져 가던 이 시간이 지나가고 난 뒤의 공허를 앞서 걱정하는 연약함, 다시 기회가 오지 않을까 봐 서둘러 겁내는 표정까지 알아본다. 한번 균형을 잃으면 그때부터는 무게가 실린 쪽으로 몸이 기울고 어느 순간에는 돌아가는 방법을 잊어버린 기분이 든다. 너무 멀리 와버려 아는 것도 오는 길에 다 잃어버린 듯한 날들. 되짚어 돌아 나가면 되는데 그런 단순한 방법조차 모르겠고, 어떻게 가면 되는지 모르겠다는 말만 거듭했다.

"아무 생각도 하지 않아도 되는 자유 시간이 여러분에게 주어졌어요. 이 시간을 어떻게 보내고 싶어요?" 어느 날 명상 수련에서 이런 질문을 듣고는 세 시간 내내 펑펑 울고 말았다. 그 무렵의 나는 명상을 아무리 오래 해도 번성해버린 생각에 공백이 생기지 않아 답답했는데, 그 한마디에 알게 되었다. 더 좋은 생각을 해내고 실행해야만 지금의 어려움 너머로 갈 수 있다고 스스로를 재촉하던 지난 날들을. 허탈하고 미안하여 눈물만 쏟아졌다. 새로운 기로에 들어선 삶이 어디로 가는 중인지 모르겠으니까, 지금 해야만 한다고 여겨지는 생각을 하고 또 했다. 나를 돕는 것 같은, 내 삶에 꼭 필요할 것만 같은 아이디어들, 어쩐지 그런 건 내려놓으면 안 될까봐 끊어내지 못한 채 생각의 이어달리기를 거듭하며 숨통을 조였다. 그날의 질문을 듣고는 무엇이든 넘치면 무거워지고 꽉 차면 부족한 것보다 더 위험하다는 것을, 덩치가 커진 생각의 조각 모음이 삶에 주어진 자유 시간을 누리지 못하게 막는다는 것을 알게 되었다. 남겨두고 싶은 게 아니라면 더 이상 물을 주지 말고 기세가 사그라질 틈을 마련해야 한다. 오늘의 마음속 잡초에 물 주지 않기를 택한다. 더불어 입하에는 잡초로 분류할 만한 것이라면 베어버리는 것까지 해본다.

무성함 사이에서 무성해지지 않아도 될 것을 헤아리고

북돋울 것을 살펴보는 입하의 시간. 남겨둘 것을 만지작거리며 잡초는 베어내고, 물이 필요한 자리에는 물을 준다. 여름 빛과 여름 그림자 사이를 걷고 또 걸으며 감탄하고 감사하면서.

입하立夏: 여름 절기 중 첫 번째로,
산과 들에 신록이 일어 여름의 시작을 알린다.

소만
초여름의 햇살에 나를 세워두는 절기

열어둔 창으로 나무의 푸른빛이 쏟아져 들어온다.
계절의 자연스러운 걸음을 따라 서서히 모습이 변하며
품을 키운 나무들 중에 유난히 가까이에서 만나게
되는 한 친구가 있다. 내가 요가를 안내하는 공간의 창
너머, 3층 높이로 자라 넓게 팔을 벌리고 선 감나무.

꽤 큰 키에 열매를 따기 어려운 모양으로 가지가 퍼져
있어 감이 사라질 때까지의 모습을 온전히 볼 수 있다.
연말에는 나무에 동그란 알전구가 가득 달린 것 같고,
추운 겨울의 특식일 감을 먹으러 오는 새들의 조찬
모임도 마주 볼 수 있다. 어느덧 아이의 손바닥처럼
커져버린 감나무잎에 초여름 햇살이 부딪치면 창으로
둥글고 밝은 초록빛이 들어온다. 그 곁에 성큼 나를
세우고 바라본다. 가득 찬 빛이 흘러나오는 중이다.
빛이 지닌 천연덕스러운 속성. 빛은, 닿은 것에
다정하게 침범하며 그 안에 속한 것들을 자신의 품으로
당긴다. 빛의 영역에 머무르면 캄캄한 자리에서는
보이지 않던 걸 보게 되는데 미처 몰랐던 것 중에는
환대하고 싶은 것도, 거부하고 싶은 것도 두루
존재해서 고마움과 곤란함이 온통 뒤섞인다. 삶이
펼쳐준 무구한 빛의 자리에서 가끔 어쩔 줄 모르겠는
표정을 짓는 날도 있다.

빛이 찬란하게 차오르는 '소만'에 도착했다.
작을 소小, 가득 찰 만滿. 해석하자면 작은 것들이
서서히 자라 가득 찬다는 뜻과 여름이 전보다
완연해졌다는 의미이기도 하고, 모든 것이 가득
차오르는 시기라고 할 수도 있다. 소만에 담긴 뜻을

어루만지면서 지금 차오르는 중인 것을 되짚어 본다.
의지로 채우든, 나도 모르게 채워지고 있든 무언가
가득 차면 빛처럼 밖으로 퍼져 나온다. 그러니 지금
채워지는 게 나중에 사방으로 퍼져도 괜찮은 것인지를,
이 무렵에는 잠시 멈춰서 묻게 된다. 내게는 이 순간에
채워지는 게 무엇인지를 알아보아야 할 책임이 있고,
유지하거나 바꿀 능력 또한 있음을 분명하게 느끼니까.

어릴 때, 가장 먼저 포기했던 마음은 '사랑받고 싶은
마음'이었다. 무언가를 받고 싶은데 받지 못하면
어느새 슬픔이 생겨나고 그 감정은 너무도 불편했다.
마음을 그대로 두며 존중하거나 표현하는 법, 소화하는
법을 모르니까 없는 척, 무심한 표정을
짓던 어린 사람. 사랑받지 않아도 잘 살 수 있다고
정한다면 나를 돌볼 시간이 없던 부모님을 향해서도,
따돌림을 당하던 교실에서도, 여전히 좋아하고
있는데 이제는 나를 좋아하지 않는 사람을 향해서도
미움의 화살을 쏘지 않는 게 가능했다. 마음속 깊은
곳에 새겨질 만큼 속으로 자주 하던 말은 '사랑받지
않아도 괜찮아.'였다. 사랑받고 싶은 마음, 사랑받지
못할까 봐 두려워하는 마음, 사랑하는 사람이 내가
좋아하는 문법으로 표현해 주길 바라는 마음.

사실은 누구보다 사랑받고 싶은 마음이 크지만,
겁 역시 누구보다 많아 매번 뒷짐 지고 서 있던 어린
날의 나를 본다. 사랑받고 싶은 마음은 창피한 걸까?
서로 사랑하고 그 사랑을 표현하며 지내고 싶다고
솔직하게 이야기했다면 어땠을까? 외톨이로 서 있던
학교에서 너희들이 나를 못 본 척하거나 내 이야기가
안 들리는 척할 때 무척 아프다고 말을 했다면?
지금에서야 생각해 본다. 돌아보면 말을 하지 않은 건
늘 나였다. 명상을 시작한 뒤부터는, 이별하고
싶지 않은 사람 그러니까 애인이나 가장 가까운
사람에게만은 솔직하게 이야기를 해보려고 하는데,
그게 참 쉽지 않다. 마음속 진실을 말하는 나의
태도가 서툴러서 뾰족한 언어를 고르기도 하고,
진실을 드러내는 방식의 오류 때문에 상처가
생기기도 하니까.

이 시기, 옛사람들은 가을에 수확한 작물이 이미
다 떨어져 어느 시절보다 바쁘지만 배고픈 시기인
보릿고개를 지난다. 그렇게 어려운 시절을 겪는
와중에도 마당에 핀 봉숭아꽃을 따 백반을 섞어
손톱에 물을 들였다고 전해지는데, 돌아보면
나의 어린 시절에도 여름이면 봉숭아꽃으로

물들이던 기억이 있다. 아빠는 언니와 내 손톱,
발톱에 빻아둔 봉숭아꽃 무더기를 크기에 맞게 떼어내
올리고 랩이나 비닐봉지를 조그맣게 잘라 덧씌운 뒤
실을 감아 봉숭아 물을 들여주었다. 다 합쳐 마흔 개나
되는 손톱과 발톱에 꽃을 올리고 나면 아빠는 손톱이
아니라 손가락 가장자리에 봉숭아 물을 들인 사람이
되었던 추억이 어렴풋이 떠오른다. 그 모습을 보며
다 같이 웃던 여름날이 내 삶의 기억 한편에 있다.
늘 충분히 받지 못하였다고 생각했는데 시간을 내어
우리의 손톱과 발톱을 들여다보는 동안 당신 손가락을
붉게 물들이는 게 무뚝뚝한 아빠가 건네던 사랑은
아니었을까. 이제 와 궁금한 마음이 된다. 어쩌면
어린 시절의 교실 속 친구들은 가까워지는 게 어려워
무덤덤한 얼굴로 거리를 두곤 하던 내가 자신들을 더
좋아해 주기를 바라지는 않았을까. 떠나간 인연들 역시
그들이 원하는 방식으로 사랑을 표현해 주길 바라는
마음을 가진 채 서서히 먼 곳으로 흘러간 것은 아닐까.
질문들이 딱딱하던 마음을 허물어뜨린다.

단단한 성처럼 굳건하던 마음이 부서지고 폐허가 된
자리에 초여름의 빛이 스며들자 보이는 것들이 있다.
'사랑받고 싶은 마음은 나도 모르게 채워지고 있구나.

사랑받고 싶은 나에 대한 존중이 습관이 되지 않아
어색한 얼굴로 그 마음만 붙잡고 있었네.' 그런데
이 마음이 내게 가득 차서 흘러나오게 되면 누구보다
나 자신이 기쁘지 않을 것 같다. 그 마음이 가득 차지는
않았으면 좋겠다. 그보다는 그들의 방식으로 나를
사랑해 주었음을 알아보고 그 사랑에 감사하는 마음이
채워졌으면. 내가 그들이 원하는 방식대로 사랑을
줄 수 없었기에 멀어졌을지도 모른다는 것을,
어쩌면 그들에게 새겨졌을지도 모르는 상처의
가능성을 떠올린다. 사랑받고 싶다는 마음에는 이미
받은 걸 온전히 알아보지 못하고 만족하지 못하는
내가 있다. 하지만 내게는 사랑을 알아보고 고마워하는
모습도 있으니까 그게 삶에 조금 더 채워지면
좋겠다고, 계절이 가진 다정한 초록빛의 동그라미
속에서 마음을 키운다.

연약한 마음을 가진 나의 그릇에 더 넓고 깊은
사랑을 조심스럽게 그리고 풍성하게 담아서 퍼져
나가게 하고 싶다. 더 많이 사랑하는 마음, 가까운
사람들이 원하는 방식으로 사랑을 주고 싶은 마음,
그래서 그들이 한 번 더 웃는다면 조금 더
노력해 보고 싶은 마음을 담아둔다. 가득 차면

창밖 나무의 푸른빛처럼 세상을 향해 쏟아질 것이다. 다정하게 어둠을 침범하는 빛의 기질이 그렇게 펼쳐줄 테니까.

소만小滿: 여름 절기 중 두 번째로, 햇볕이 풍부하고 만물이 점차 생장하여 가득 찬다는 의미다.

망종
필연을 믿으며 할 일을 해내는 절기

산책에서 돌아오는 길, 발이 닿는 곳마다 거무스름한 얼룩이 가득해서 서성거리다 보면 푹 익어 땅으로 돌아온 작은 열매들을 만난다. 알알이 붙어 있는데 너무 작아서 꼭 포도의 어린 동생처럼 보이는 오디, 앙증맞은 자두처럼 생긴 앵두, 벚꽃 스러진 자리에 알알이 맺힌 버찌, 매화가 진 자리에 둥그런 얼굴을 탐스럽게 드러내는 매실까지. 꽃이 머물던 자리가 비워지자 열매들이 맺히고, 어느덧 떨어지기까지 하는 시기가 되었다. 가까이 지내는 오동나무 친구는 꽃 진 자리에 맺힌 열매가 한창 연둣빛으로 부풀었는데, 그 열매는 가을 무렵이 되어야 다 익어서 땅으로 돌아온다. 모두 각자의 시간을 살아간다. 꽃 피워야 할 때 꽃을 피우고, 미련 없이 꽃을 떨어뜨리고는 자연스럽게 열매를 품고, 열매가 익으면 그것 또한 힘껏 밀어낸다. 어떻게 저리 거침없이 사는 건지, 늦어도 늦지 않고 일러도 이르지 않은 매일을 살아가는 나무들 곁에서 분주하고 소란스럽던 내면이 고요해진다.

어느덧 볕은 점점 뜨거워지고, 차곡차곡 쌓이던 열기가 꽉 차는 '망종'에 도착했다. 아직 하지 전이라 바람에 물기가 적으니 공기가 쾌적하고, 햇살은 더없이 풍요로운 때. 망종은 한자어로 까끄라기 망芒, 씨앗 종種이다. 까끄라기가 있는 벼나 보리, 밀 같은 곡식의 씨앗을 뿌리는 때라는 뜻이다. 망종이 지나면 밭보리가 더는 익지 않아서 "보리는 망종 전에 베라."는 말이 있다. 농사를 짓는 사람들은 작년 가을에 심어둔, 이제는 다 익은 보리를 수확하느라 분주한데, 그 자리에 또 모판에서 키워낸

볍씨의 싹을 모내기하느라 바쁘다. 한 주 전과는 다르게 꽉 차버린 열기에도 바깥으로 서둘러 나가야만 풍성한 가을을 만날 수 있으니 게으름을 피울 수 없다. 주어진 땅은 갑자기 커지거나 작아지지 않고, 어떤 곡식도 스스로 뿌리를 내려 자라지 않는다. 땅에 심어둔 무언가를 거둬야만 그 자리에 새로운 것을 심을 수 있고, 심는 것도 때를 놓치면 계절의 친절을 누리지 못해 수확할 게 줄어들거나 사라진다. 그렇기에 그들은 뭐든 때맞춰 하는 일의 중요성을 온 생을 통해 절감하지 않을까 상상한다. 부지런함과 게으름에 대해서라면 무엇도 숨길 수 없을 것이고, 지금 하는 일들에 대해서도 물러설 수 없는 당연하고 큰 이유가 존재하는 세계. 그 세계 속에 있는 사람들의 리듬에 내 삶을 포개다 보면 놓치고 있는 것이 무엇인지를 조금은 가늠하게 된다.

한 해의 허리쯤, 망종 무렵에는 삶이라는 땅에서 무엇이 무르익어 수확의 시기를 맞이했는지, 또 무엇은 이제 막 싹이 터 옮겨 심을 때가 되었는지를 살펴보아야 한다. 지금을 톺아보지 않으면 당면한 계절이 옷 갈아입는 장면을 놓치게 될 테니 미룰 수 없다. 빈손과 텅 빈 마음, 침묵하는 눈과 가만히

휴식하는 귀를 느끼며 내면을 산책하다 보면 삶의 계절
또한 바깥의 풍경처럼 가장 적당한 속도로 흘러가는
중이라는 것을 알아볼 수 있다. 요즘 자주 하는
생각이나 나도 모르게 하게 되는 말들을 틈틈이 수집해
고요한 장소에서 만져본다. 잘 소화된 작은 조각들은
흘려보내고, 지금부터 소화하기 위해 노력해야
할 것들도 발견한다. 왜 이런 일이 일어났는지,
왜 우리는 서로에게 소중한 존재가 될 수밖에
없었는지, 왜 마주하며 사랑하다가 느닷없이
뒷걸음치며 멀어지고 말았는지, 왜 더 가까워질 수
없었는지. 알 수 없기에 아득한 마음이 되고 마는
시기도 있지만 경험이 소화가 될 무렵에는 모든 일이
왜 일어나거나 일어나지 않았는지 몰라도 알 것 같은
순간을 만나기도 한다.

"우리가 이해하고 사랑하는 것이 우리를 이해하고
사랑한다." 이렇게 멋진 문장을 쓴 사람은 로베르트
발저 선생님. 나는 시간과 장소를 멀리 건너온
이곳에서 이 문장에 고개를 끄덕이며 위로받는다.
완전히 이해하거나 전부를 사랑하지 못하는 순간들이
여전하지만, 그럼에도 이해하려 노력하고 사랑하려
한 번 더 마음을 여는 대상이 있다면 너무도 당연하게

그와의 거리가 좁혀진다. 가까워지면 알게 된다.
이미 그에게 이해받고 있거나 사랑받고 있음을. 그
시점에서 새롭게 생성된 이해와 사랑이 아니라 이미
존재하던 이해와 사랑을, 몸의 방향을 바꾸고 시선을
옮긴 덕분에 보게 된다. 모두 나의 삶이 초대한
사건들이다. 삶을 이해하고 사랑하게 될 때, 삶이 이미
나를 같은 모양으로 대하고 있다는 것을 깨닫게 된다.

겁이 나고 막막할 때마다 도망가려고 힘쓰지만
않는다면, 아낀 힘으로 더 많은 것을 환대하며
기꺼이 경험하게 될 것이다. 어렵다는 생각이나
무언가를 원하는 마음이 심신을 무겁게 만들어서
연약함이 드러날 때는 그 모든 일이 나를 위한 삶의
큰 그림이라는 것을 즉시 인정하기가 참 어렵다.
그러나 언젠가는 즉시 믿는 사람이 되고 싶다. 이제야
수확할 수 있는 지난 발자취의 한 걸음과 이제
시작되는 새로운 한 걸음을 기쁘게 본다. 강해지기도
하고 약함을 끌어안기도 하는, 작은 보폭이지만
계속해서 이어지는 삶의 걸음들. 가장 어렵게
느껴지는 것을 모내기하듯 힘내어 해보는 망종이다.
망설이던 걸 그 일을 좋아하는 사람인 양 명랑하게
하다 보면 서툴고 어설프기는 해도, 경험했거나

경험하게 될 삶의 모든 장면을 다시 보기 위한 새로운
눈 하나가 선명하게 태어난다. 신비롭고 경이로운
마음의 장면들과 내게 있는지도 몰랐던 새로운 힘을
운 좋게 발견하기도 하면서 여름의 열기 속으로
들어간다. 이제 와 수확할 수 있었던 것들이 자리를
비워 헐렁해진 공간에는 빛나는 시도들이 촘촘하게
채워지는 중이다. 모내기를 끝낸 여름의 농촌 풍경처럼
초록 물결이 풍요로이 일렁이는 마음 밭의 결, 낯선
나의 모습도 모두 도약을 위한 삶의 디딤돌처럼
느껴진다. 무엇도 늦지 않았고, 무엇도 이르지 않다.
지금 하게 되는 모든 것이 가장 적당한 때에 하게 된
필연이라는 걸 믿기만 하면 된다.

망종芒種: 여름 절기 중 세 번째로, 벼와 같은
곡식의 종자를 뿌리기에 적당하다.

하지
기다리고 지속하기를 선택하는 절기

밤과 낮의 시간이 같은 속도로 흘러간다는 건
정말일까? 왜 밤은 언제나 눈 깜짝할 사이에 지나가
버리는 느낌일까? 하고 싶은 일들은 유독 밤에
떠오르고, 아침은 매번 서둘러 찾아온다. 한 해 중
낮이 가장 긴 '하지'에는 일 년 중 가장 짧은 밤을
모두가 만난다. 그 시간 동안 대체 무엇을 더 하는지
살펴보면 대부분 낮에 하던 일의 연장선이다. 읽다가

덮어둔 책을 마저 읽고 싶어서 침실에 여러 권 챙겨
가는 것은 이제 일상이다. 텅 빈 마음에 돌멩이 하나
들어와 달그락거리는 소리가 나면 미래의 나를 위해
무어라도 준비해 두고 싶은 마음이 들어서 굶주린
하이에나처럼 공허한 마음의 먹이를 찾아 헤맨다.
오늘에게는 자꾸만 미련이 남고, 성장과 활력에
대해서는 좀처럼 욕망이 수그러들지 않는다.

밤의 시간을 충분히 누리지 못한 날에도 아침이 되면
어떻게든 일어나서 움직인다. 잘 시간에 제대로 자지
못했으니 얼굴은 파삭하게 거칠고, 마음은 균형이
깨져 흔들리는 중이어도 살면서 배운 웃는 표정을
온몸에 감싸 입고 숨기고 싶은 것들을 다 가린 채 가야
할 곳으로 간다. 제시간에 도착하지 않으면 오히려
기다리지 않던 연락이 내게 먼저 도착할 것을 알고
있으니까. 낮에 해야 할 일들을 미루면 환대하기
어려운 삶의 모양이 되고 만다. 그게 겁이 나기도 하고,
그 모든 것을 감당해야 하는 사람이 나 자신이라는
것을 이제는 확실히 알고 있다.

제대로 보내지 않은 낮이 금세 낯빛을 바꾸는 것과
달리 제대로 보내지 않은 밤은 덤덤함 일색이다. 음의

에너지를 제대로 돌보지 않은 결과는, 양의 에너지보다 느린 음의 속성처럼 뒤늦게 드러난다. 낮의 마음으로 밤을 보내다가 늦게 잠들었다고 누군가에게 연락이 오지도 않고, 어둠의 시간 내내 한낮의 분주한 태도로 지냈다고 해서 혼내는 사람도 없다. 얼른 자라고 잔소리하던 어른들은 이제 더 이상 내가 사는 집에 없고, 이 집에서 나는 나를 키우고 있다. 계속해서 모른 척할 수 있을 것처럼 상황을 외면하면서 어수선한 밤의 시간을 연일 보내다가 피로감이 누적되어 몸과 마음에 생채기가 나고 말았다. 생략해 버린 것들은 결코 생략되지 않고 모두 드러난다. 밤에 돌보아야 하는 휴식과 회복을 향한 노력의 결핍들은 하나하나 보면 하찮은 것 같지만 한자리에 모이면 큰 덩어리가 된다. 서둘러 결론 내리려 했던 작은 조각들의 습격 같다.

하나의 상황을 얼른 이해하고 다음으로 넘어가 걷고 싶은 마음과 결론을 내린 후 다른 것들을 경험하려는 마음이 있다. 그 결과, 단번에 종이접기 하듯 탁탁 접어 단정하게 만들어버린 많은 현재들이 있고, 엉킬 때마다 잘라내어 약해질 대로 약해진 뿌리가 있다. 몸의 사정과 마음의 갈피가 너무 빨리 한 문장으로 정리 된다면 그건 과거 경험의 언어로 현재를 정리해

버린 탓일지도 모른다. 생은 단순하기도 하지만 또
그렇게까지 단순한 일만 벌어지지도 않는다. 복잡한
삶을 부자연스러울 만큼 선명한 언어로 서둘러
설명하지 않기로 한다. 새로운 경험은 자주 사용한 적
없는 낯선 단어들로 서서히 정리가 될 것이고 그건
그렇게 순식간에 할 수 있는 일이 아니다. 긴 시간을
사용하며 마음을 닦아내고 만져보고 느껴보면서
안아주어야 하는 것들을 살피는 중이다. 그늘진 마음을
잘 돌보고, 이렇다 할 이룬 것이 없는 날에도 밤이 되면
그대로 둔 채 눈을 감고 쉬기로 한다. 느긋한 마음으로
해보자고 다짐했지만, 햇살이 점점 뜨거워지고
나무들이 무성해지는 때가 오니 다시 한낮의 눈빛으로
어둠을 응시하면서 조급해지는 나를 만난다.

꿈꾸던 장면 속으로 천천히 걸어 들어가는 사람이
있다. 누가 봐도 이제는 포기할 때가 된 것 같은데도
할 수 있는 일을 산산한 눈으로 계속하는 사람들,
그러다가 결국에는 도착하는 이들. 그들도 어둠의
시간이 있었을 텐데 빛의 방향으로 끊임없이 걸었다는
사실 하나만으로 내내 빛의 곁을 머문 사람이 된다.
굉장한 재능을 타고난 사람들도 부럽지만, 더 부러운
건 삶을 계속해서 원하는 방향으로 밀어간 사람들이다.

조그맣게 흔들리는 소리들이 모여 언젠가 음악이
된다는 걸 의심하지 않는 법은 아마 작은 실패들을
매만지는 밤의 시간에 배우게 될 것이다. 삶에는
포기하고 싶지 않아도 잠시 작게 접혀야 하는 시간이
있다. 어둠 속으로 깊이 들어가 숨을 고르고 나면 빛의
세계에서 편안한 얼굴로 다시 소리를 낼 수 있게 된다.
그것을 이해하고 존중하는 일이 오래 걷는 힘이다.

더 많은 것을 품에 안아보려고 새로운 일들을 분주하게
시도하는 건 지금 도착한 하지에는 적당한 일이
아니다. 농부는 마음이 바뀌었다고 해서 이제 와 다른
작물로 바꿔 심지 않는다. 양기가 기승을 부리는
이 시기에는 마음도 왕성한 태양의 열기처럼 사방으로
뻗어 나가면서 욕심이 생기기 십상이지만 이럴
때일수록 다시 음기를 돌보며 균형을 잡아야 한다.
양기가 새롭게 도전하는 것 안에 있다면 음기는 이미
시작한 걸 유지하는 것 안에 있다. 어둠을 잘 돌보는
일과 캄캄한 마음을 품에 잘 안는 일, 쉽게 성과가
드러나지 않는 것을 묵묵하게 하는 마음가짐, 그런 건
선뜻 결과로 모습을 드러내지 않지만 순간들이 모이면
상상하기 어려울 만큼 커다란 장면으로 찾아와 삶의
든든한 버팀목이 된다.

하지까지 비가 오지 않으면 농사를 짓는 사람들은 고비를 맞게 되는데 그땐 포기하는 것이 아니라 기우제를 지낸다. 비를 기다리는 사람의 마음은 어려운 밤, 어둠 속에서 기약 없이 나를 안아주는 시간과 닮은 구석이 있다. 결국 밤은 매번 아침에 도착하고, 비는 때가 되면 내린다. 우주의 율동과도 같은 커다란 오르내림 속에서 작은 인간이 할 수 있는 일은 기도하는 것과 삶을 포기하지 않는 것, 할 수 없는 일 대신 할 수 있는 일을 멈추지 않고 계속하는 것뿐이다.

하지夏至: 여름 절기 중 네 번째로, 태양이 가장 높이 뜨고 낮의 길이가 길다. 하지 이후로 기온이 상승하여 몹시 더워진다.

소서
밭을 두고 떠나지 않는 농부처럼, 삶을 지키는 절기

내가 나밖에 될 수 없는 것이 숨 막히게 힘들다는
이야기를 용기 내어 하던 날, 한참 동안 가만히 듣던
그가 말했다. 당신이, 당신이기에 할 수 있는
그 이야기를 듣고 싶다고. 할 수 있는 이야기를 가능한
방법으로 다 꺼내어 놓아야 그다음으로 흘러 나갈 수
있다는 말까지도. 그게 세상에 쓸모가 있을지
모르겠다는 마음은 여전했으나, 누군가 한 사람이라도

기다려주고 있다고 생각하니 그것만으로도 한결
얼굴이 풀어져 버리는 여름날이었다. 좋아하는
카페에는 그날따라 사람이 없어서 운이 좋아야 앉을
수 있는 자리에 가방을 내려놓았다. 밖은 뜨거운데,
실내에 들어서니 공기가 서늘해서 따뜻한 커피를
주문했다. 창밖의 나무가 며칠 전보다 몸집이 커져
있어 부드러워진 얼굴에 빛이 조금 더 차올랐다.
오랜만에 너무나도 완벽한 오후를 만나 한껏 들뜬
마음이 되었고, 돌아오는 길에는 자전거를 탔다. 마침
적당한 바람이 불었고, 뜨거운 여름을 편애하는 나를
안아주는 것처럼 햇살도 다정해서 페달을 밀어내는
발끝에 명랑함이 가득했다.

셀 수 없이 자주 지나온 길, 기억 속에 이미 잘 새겨져
있는 익숙한 동네의 도로를 달렸다. 연희동에서 출발해
합정동까지 가는 길은 여러 갈래가 있는데 그중에서도
한적하고, 중간에 자전거 도로가 있는 제법 좋은 길을
택했다. 평소보다 속도를 낸 이유는 이제 어둠이
다 지나갔다는 희망, 그 들뜬 마음 때문일 것이다.
힘껏 발을 구르다가 우회전을 하는데, 아주 얕아
보이는 턱에 자전거 바퀴가 겉돌면서 우당탕 철컥,
큰 소리를 내며 넘어졌다. 넘어지는 것은 찰나였는데,

그 순간 상처로 남겨진 기억을 후다닥 꺼내어 겁먹은
표정을 하는 나를 만났다. 겁에 질린 얼굴로 땅에
쏟아진 나는 양쪽 무릎과 종아리가 피투성이인 채 잠시
그 길에 앉아 있었다.

어디 갈 때, 가방이 무거우면 무언가를 빼서 두고 가면
된다. 그러니까 물병 하나를 꺼내어 식탁에 내려놓고
가면 되는데, 무거운 것이 내 몸이거나 내 마음일 땐
이야기가 달라진다. 보이는 몸도 보이지 않는 마음도
마찬가지. 몸은 어느 부분도 떼어낼 수 없고, 마음을
자신과 분리하려면 아침 내내 명상을 해도 쉽지 않으니
무거워지면 무거운가 보다 하며 길을 나설 수밖에.
'소서'가 다가오니 날은 점점 무더워지고 장마가
코앞이라 공기는 습해진다. 다친 상처는 좀처럼 아물지
않고 자꾸 열이 올라서 무더운 공기 속으로 걸어
들어갈 때마다 어리석게도 걸음을 포기하고 싶어지는
날이 이어지고 있다.

>나는 자꾸만 포기하고 싶고,
>또한 포기하고 싶지 않다.
>나는 나의 부족함을 알아보며 어루만지고
>싶은데, 한편으로는 이제 더는 마주하고

싶지 않다. 나는 나의 어둠을 기억하고
싶지만, 이제는 다 잊은 얼굴로 텅 빈 웃음을
짓고 싶다. 나는 두려워서 눈을 감고
싶으면서도, 눈을 확실하게 뜨고 보며
제대로 대면하고 싶다. 나는 먼 곳으로
흘러가고 싶은데, 또 아무 데도 가지 않은 채
깊은 곳으로 떨어지고 싶다.

두 마음을 거머쥔 나는 그런 내가 몹시도 불편하다.
둘 중 하나의 마음으로 수렴하고 다른 하나의 마음을
탁 접어버릴 땐 내가 불순물 많은 인간이라는 것을
보지 못해서 어떤 면으로는 편안했는데, 그렇게
서둘러 내린 결론들이 치유되지 못한 상처로 몸속에
배치된다는 걸 안 다음부터는 그것도 할 수가 없다.
갈팡질팡 서성거리다가 다 그만두고 싶어질 때면
소서를 맞이한 농부들의 마음이 궁금하다. 어찌할 도리
없는 양극단, 불볕더위와 가뭄, 혹은 장마를 함께
겪을 때 그들도 이렇게 아득했을까.

한여름의 뜨거운 공기와 장마철의 묵직한 습기가
우리를 둘러싸는 소서. 하기로 했던 것들을 포기하고
싶은 마음이 기지개를 켠다면 그건 나의 의지 부족만이

아니라 절기의 짓궂은 농담일 수도 있고, 몸이 한없이 무겁게 느껴진다면 계절의 편지가 정확하게 도착한 것일 수도 있다. 작은 더위라는 이름을 가진 소서의 더위는 곧 찾아올 장마의 물을 머금고 있어서 몸도 마음도 눅눅해지는데, 그래서 이 무렵에는 습기 때문에 약해진 위장과 비장의 기운이 수많은 생각을 불러온다. 이 끝에서 저 끝으로 오가는 다양한 사념들은 몸의 움직임을 굼뜨게 하고, 물먹은 솜처럼 무거워져 해야 할 일을 하는 것마저 고민하게 만든다.

그러나 농부는 아무리 날씨가 마음 같지 않고, 몸이 무겁게 느껴져도 자신의 논과 밭을 두고 떠나지 않는다. 삶의 터전을 두고 도망쳐 버리면 다가오는 수확의 계절에 빈손으로 굶주린 시간을 보내게 될 것을 알고 있으니까. 가뭄이 들면 물을 대고, 홍수가 나면 물을 빼는 일, 수많은 생각보다 더욱 힘이 있는 것은 그런 단순한 일이다. 먼지 같은 생각이 개입될 여지가 없는 해상도 높고 담담한 일들. 이미 뿌리 내린 모를 더 좋은 자리로 옮겨 심을까 같은 생각은 이제 소용없다. 하나의 마음이 가득 차면 조금 비워내고, 부족하면 조금 채우면서 지내기로 한다. 양쪽 마음들은 모두 각자의 일을 하며 지금의 삶을 만들었다. 과하거나

부족할 때면 비틀거리는 인생이 자전거 바퀴처럼
헛돌아 넘어져 상처를 입기도 했지만 어느 것 하나
두고 올 만한 것은 없었다. 집으로 여기지 않을 때
그것은 나를 돕는 성실한 재료나 도구가 된다. 수확의
계절이 찾아올 무렵에는 단맛과 쓴맛이 모두 담겨
풍성한 맛과 향을 내는 무언가가 될 것이 분명하니까
다채로운 맛이 버무려지는 순간을 곁에서 바라본다.

무겁게 가라앉은 몸의 한 조각을 떼어내고 싶지만
그런 몸을 가지고도 이 모든 것을 경험할 수 있음에
대한 감사 인사를 한다. 쓰고 보니 참 이상한 사람
같은데 그게 바로 나. 그러니까 매번 모순이야말로
진실이고, 역설을 수용한 이후에는 삶의 스펙트럼
전체가 사방으로 확장된다. 빛과 어둠은 고향이 같다.
두려움과 안도는 서로를 끌어안고, 의심과 호기심은
옆집에 산다. 울음과 웃음은 등을 기댄 채 의지하며
지내고, 살고 싶지 않은 마음과 살고 싶은 마음은
내 안에 함께 있다.

       소서小暑: 여름 절기 중 다섯 번째로, 본격적인 더위가
       시작되며 장마전선이 우리나라에 오래 머물러 습도가 높다.

대서
무성함 속에서 남겨둘 것을 헤아리는 절기

바다 쪽으로 고개를 돌리면 아주 먼 곳에서부터
물 따라 흘러왔을 넉넉한 바람이 분다. 마음에 공간이
사라져 버린 기분이 들 때면 바다 앞으로 가서 우선
깊은숨을 쉬는 이유다. 그럼 당연하다는 듯이 나를
환영하는 바다의 손길을 만날 수 있다. 이마를 덮은
머리카락이 시선이 닿지 않는 방향으로 흩날릴 때,
밝아지는 미간과 두 뺨. 바다를 등지고 한참 동안

엎드려 책을 읽다가 목뒤에서부터 배어 나온 땀이 어깨 쪽으로 슬그머니 흐르면, 잠시 몸을 일으켜 바다를 향해 앉아 눈을 감는다. 물을 스쳐 온 바람은 물처럼 시원해서 바다 쪽으로 고개만 돌려도 금세 알맞게 서늘해진다. 마음속 서랍이 온갖 생각으로 빼곡하게 차서 틈이 없는 순간에도, 바다를 향해 앉으면 의외의 틈이 생겨난다.

상상해 본다. 한 문장에서 숨을 고를 수 있는 띄어쓰기 빈칸이 모두 사라진 장면을. 문장을 발음하다가 숨이 차는 것은 감당한다 해도, 뜻은 도무지 알 수 없을 것이다. '아버지가방에들어가신다'처럼. 어디에 빈칸을 두는지에 따라 이야기는 다르게 흘러간다. 아버지가 방에 들어가실 수도 있고, 아버지 가방에 들어가시게 될지도 모른다. 그렇게 빈칸은 문장에 생명을 불어넣는다. 적절한 곳에 빈칸이 들어가게 되었을 때, 우리는 문장을 이해할 수 있고, 그러다가 문장과 사랑에 빠질 수도 있을 것이다. 삶에서 일어나는 사건들은 문장을 구성하는 단어들이다. 사건과 사건, 그러니까 단어와 다음 단어 사이에 띄어쓰기가 사라지면 삶이라는 문장은 잘못 이해되기 쉽다. 숨을 고를 여백의 칸이 없으니 오해하고 마는 것이다.

하나의 생각을 꽉 붙잡은 탓에 흐름이 막힌 걸 알아보고 그 생각을 흘려보내고 싶을 때는 몸을 움직인다. 통로를 개방하듯이 땀이든 눈물이든 움직임에 리듬 맞춰 흘러 나갈 수 있도록. 무더운 한낮을 피해 달리기를 하며 심박수를 높이는 것도 좋고, 이른 아침 바닷가에서 가벼운 요가 수련을 해보는 것도 좋은데, 그렇게 야외에서 움직이며 땀 흘리는 것은 여름의 피부를 조금 더 단단하게 만들어준다. 요즘의 우리는 실내에서 에어컨을 켜고 땀을 쏙 들어가게 하는데 겉에서 보기엔 쾌적하고 말끔한 듯해도, 땀이 차갑고 딱딱한 막에 갇혀 나가지 못한 탓에 열이 몸 안에서 엉킨다. 《동의보감》에 따르면 여름철에 적절하게 땀을 흘리면서 진액을 빼주어야 가을의 찬 바람으로부터 나를 보호할 수 있다고 한다. 지금 흘리는 땀은 추운 계절을 안전하게 나도록 하는 피부 옷이 되어 줄 것이다. 더불어 생각과 거리를 두고 움직이다가 소화될 무렵에는 마음속 문장에 빈칸이 생겨나면서 끈적거리는 집착의 에너지가 담담한 집중의 에너지로 변환되는 축복도 누릴 수 있다.

여름의 마지막 절기인 '대서'가 되면 이제야 진짜

여름이 온 것만 같다. 내내 여름이었는데, 지금에서야 무더위를 느끼며 '한여름' 같은 단어를 꺼내어 쓰다니. 보름만 지나면 입추라서 어쩐지 한여름이 되었다는 말을 꺼내기가 머쓱하다. 여름은 진작 시작됐는데도, 땅에 햇볕이 차곡차곡 쌓여서 달궈질 대로 달궈진 여름 절기의 끝에서야 계절을 알아본다. 무언가를 온몸으로 느끼는 것이 이렇게 늦다. 지금 삶에 쌓여가는 많은 것들도 어쩌면 꽉 차지 않았다는 이유로 '아직'이라는 분류함에 들어가고 있을지도 모르겠다. 이미 완연한 여름을 알아보지 못했던 것처럼.

소서에 찾아온 장마를 겪은 논에서는 잘 자라야 하는 작물과 함께 잡초도 왕성하다. 입하에 실컷 잡초를 베었어도 또다시 쌓인 덜어낼 것들. 세상 모든 곳에서는 양 끝에 있는 것들이 각자의 방향으로 넓어지고, 나무는 위로 높아지기 위해 아래로도 깊이 내려간다. 넓어질 땐 사방으로 넓어지고, 모이는 시기가 되면 모두들 몸을 낮추고 움츠린다. 그게 살아 있는 것들이 계절과 동행하는 자연스러운 흐름이자 균형. 수확의 기쁨과 열매의 풍성함을 만나려면 더운 날씨에도 다시 한번 힘을 내어 잡초를 제거해야만 한다. 하필 가장 큰 더위인 대서에 해야 할 일이 생장을 방해하는 풀을 뽑는 김매기라니, 가혹하다는 생각도 들지만 끈적한 더위 속에서 김매기를 하고 나면 바깥으로 땀이 흠뻑 쏟아지며 마음은 어느 때보다 개운했을 것이다. 흘러나와야 마땅한 땀도 내 몸 밖으로 나갔고, 해야 할 일도 했으니까.

대서 무렵에 도착한 바닷가에서 수련을 시작한다. 땀이 배어 나온다. 또 흐를 테니까 닦지 않고 움직임을 이어가는 동안 평소에는 고요하게 해내던 동작들을 모래사장의 짓궂은 농담 때문에 여러 번 기우뚱거리다가 넘어진다. 낯선 바다에는 조개껍데기가 많아서 땅으로 뿌리내리는 일이 생각보다 힘들었지만 경험해 보지 못한 땅에서 흔들리다가 철퍼덕 넘어지는 모습이 용감하게 느껴진다. 천진한 웃음도 터지고 만다. 어떤 마음도 가려내어 받거나 안 받을 수는 없지만 어떤 마음에게 더 넓고 밝은 자리를 내어줄지는 선택할 수 있다. 바다 가까이에서는 언제나 바다의 보호와 사랑 속에 있게 되는데, 덕분에 이번에도 자꾸 넘어지면서도 환기가 잘되는 마음의 빈칸이 생겨났고 얼굴은 부드러워졌다.

어느 책에서 '피서'가 아닌 '망서'라는 글자를 보았다.

더운 날에 더위를 잊는 지혜로움, 피할 수 없으니
잊기로 결정해 버리는 용기. 대서에는 어디에 가나
물기 머금은 끈끈한 더위가 있을 테고 그래서 잊을
수도 없겠지만, 더위 속에 있는 나의 삶을 들여다보고
그 안으로 들어가 되려 땀을 흘린다면 그동안에는
잊게 되기도 할 테다. 여름 안에서 여름을 잊기에 좋은
시기, 대서에는 바다 쪽으로 고개를 돌리기로 한다.
바닷바람을 맞으며 마음에 생겨난 띄어쓰기 빈칸에
선선한 바람이 지나가도록. 삶이라는 문장을 이해할 수
있도록.

대서大暑: 여름 절기 중 여섯 번째로, 더위가 극심하지만
강렬한 햇볕 덕에 채소와 과일이 맛있게 익는 시기다.

세 번째, 가을

입추
가을의 씨앗을 심는 절기

침실로 들어오는 아침 햇살의 기울기가 달라졌다. 왕왕거리는 매미 소리에 잠에서 깨어난 것은 다르지 않고 후덥지근한 열기도 그대로인데, 어제까지만 해도 힘 있게 들어오던 빛의 명랑함이 조금 어른스러워진 기분이 들면 달력을 보게 된다. "벌써 '입추', 가을의 절기가 시작되는구나." 아침 찻물을 올리며 중얼거렸다. 한창 더운 날에는 뜨거운 물로 우려낸 차가 그리 내키지 않아서 냉침한 백차를 마시곤 했는데, 신기하게도 달라진 아침 빛을 알아보니 마음이 동해 더운물을 내고 오랜만에 보이차 잎을 꺼냈다. 물이 보글보글 끓어오르다가 탈칵, 스위치가 올라가면 찻잎을 담은 자사호에 물을 붓는다. 차를 우려 잔에 따르고는 부엌으로 길게 들어온 햇빛을 바라본다. 빛 속을 둥둥 떠다니는 먼지들에 빛을 보는 중인지 먼지를 보는 중인지 모르겠다고 여겨질 무렵, 빛무리 너머에 있는 화분에 시선이 멈췄다. 어느 봄, 경기도의 한 화원에서 데려와 몇 년을 함께 지낸 잎이 넓은 고무나무와 선물 받았을 때보다 높게 키를 키운 산세베리아, 바람 불 때마다 가녀린 가시 같은 잎이 부드럽게 춤을 추는 아스파라거스, 몸집이 작은 식물들이 옹기종기 모여 있는 소박한 군락까지. 가을이 오면 식물들도 왕성한 생장을 서서히 멈추고 자주 긴 잠을 잘 것이다. 어느 다정한 사람의 손에서 씩씩하게 자라난 새 친구를 초대하고 싶은데, 새로운 식물은 봄에 들이는 거라는 이야기를 들은 적 있다. 처음부터 겨울을 함께 나는 것은 어려우니까 조금 수월하게 친밀해질 수 있는 봄에 동거를 시작하라고. 그 말이 떠오르니 입추에 화원으로 향하기가 망설여진다.

"정말이지 내 마음은 내 행복에 관심이 없는 것 같아."
오랜만에 만난 친구가 말했다. 올라오는 마음을 가만히
들여다보고 있노라면 오히려 평화로움을 위태롭게
만드는 감정들이 대부분인 듯하다며 허탈한 웃음을
보이기도 했다. 나 역시 그렇다. 기쁨은 곧 사라질까
벌써부터 아쉽고, 두려움은 언제까지고 지속될 것
같아서 갑갑하다. 마음을 잘 돌보면서 살면 행복할 것
같았는데 오히려 모르는 척 외면하는 게 편하지 않을까
생각이 들 정도. 그러나 못 본 척하며 눌러둔 것들이
웅크리고 있다가 우르르 쏟아지듯 눈물로 흘러나온
다음부터는 그렇게도 할 수 없어서 한참 동안 바라보는
중이다. 내 마음은 내 행복에 관심이 없어도 나는
내 행복에 관심이 있기에 틈틈이 바다로 달려가 해변에
누운 채 파도를 들으며 마음을 관찰한다. 하나의
마음이 지나가고, 또 하나의 마음이 오는 모습을
바닷가에서 마주하게 되면 오가는 모든 것이 밀물과
썰물 같다. 자연스러워 보이고, 그렇게 느끼는 순간의
나는 어느 때보다 자유롭다. 햇살은 여전히 뜨겁고
바람에 열기가 묻어 있어서 얼굴도 몸도 천진하게
열리는 것 같은데 가을의 절기가 시작되었다니! 봄도
아니고 여름이 되어서야 겨우 기지개를 켠 올해의 나는
이미 서운한 마음이 가득하다. 바닷가에 누워 파도의

음성을 들을 수 없게 되면 오가는 마음 때문에 부대낄 때마다 어떻게 하지? 벌써 걱정스럽다.

정점은 이제 곧 내리막이 시작된다는 뜻이라고 계절이 내게 말한다. 가장 뜨거운 햇볕 아래에서 슬슬 가을맞이 준비를 해야 한다고, 가을 절기의 시작인 입추와 더위의 정점인 말복이 맞붙어 있는 게 내게는 그렇게 해석된다. 가장 더운 날인 말복은 어느 해에는 입추와 같은 날일 때도 있지만 보통은 그 며칠 후다. 그러니 입추에는 남은 여름을 힘껏 끌어안으며 배웅할 기회와 가을을 마중 나가 느긋이 인사 나눌 기회가 함께 주어진다. 여름 바다의 포옹 속에서 가을 하늘을 바라보며 손을 흔든다. 계절은 머뭇거림 없이 성큼성큼 다가올 테니 두 팔 벌려 환대할 수 있도록 어깨를 부드럽게 만들어두고 싶다. 여름의 몸은 넓어지는 식물의 잎처럼 부드럽게 열린다. 그러나 찬 바람이 불 무렵이면 언제 그랬냐는 듯 어깨부터 굳어지고 몸의 뒷면이 서서히 뻣뻣해지기 때문에 아직 다정한 훈풍이 부는 입추에는 등을 부드럽게 열거나 좁히는 움직임과 이런저런 비틀기 동작을 전보다 자주 한다. 등이 부드러우면 바람이 차가워져도 목과 어깨가 덜 딱딱해지고, 그러면 겨울을 맞이하는 나의 얼굴 속

미간도 조금은 덜 긴장될 테니까.

입추는 김장용 무와 배추를 파종하는 시기다. 봄과 여름 동안 씨앗을 뿌리고 물을 주며 돌본 것들을 수확하는 시기로 가을을 바라봤는데 의외라는 생각이 든다. 거두면서 또한 뿌리기도 하는 시기. 그렇게 모든 일이 오는 동안에 가고, 가는 동안에 오는 것을 알아보는 때가 바로 입추다. 입추에 씨앗을 심고, 가을의 열기와 한기를 모두 품으며 자란 무와 배추로 김치를 만들어 먹으며 촘촘한 칼바람이 부는 겨울을 난다. 그러고 나면 언제 추웠냐는 듯 공기가 느슨해지면서 다시 봄이 찾아오겠지. 추운 계절을 보낼 준비를 지금 시작해도 된다는 것이 고맙다. 아직 늦지 않았다. 자연의 호의는 여전히 우리에게 씨앗 뿌릴 기회를 주고 있다.

요즘은 명상할 때 전과는 다른 말을 씨앗 뿌리듯 내게 해주고 있다. 어느 날의 파도가 내게 해준 말. "오가는 마음들을 바라보다가 너를 자유롭게 하는 마음과 손을 잡아. 무언가를 바라는 대신 더 많이 사랑하고, 사랑이 만들어서 전해주는 기쁨을 누려." 의식적으로 하던 무언가가 무의식의 영역으로 편입되기 위해 필요한 시간은 21일이라 배웠다. 그래서 새로운 습관을 만들고 싶다면 21일간 작심삼일을 일곱 번 반복하면 된다. 그러다가 한 달이 지나고 아홉 달이 되면 그 생각이나 행동을 더 자연스러운 모습으로 하게 되고, 요가 경전에서는 7년이 지나면 그 경험 이전의 나는 내 안에서 대부분 사라진다고 한다. 가을이 올 무렵에 새로운 시작을 한다는 것이 어색해 보여 내년 봄으로 미룰까 싶었지만, 김장용 배추의 씨앗을 심는 마음으로 아직은 몸에 꼭 맞지는 않는 언어를 품에 안는다.

〈다가오는 것들〉이라는 영화를 좋아한다. 여러 번 봤는데도 주인공인 나탈리가 무언가를 계속해서 잃어가는 것처럼 보여서 적어도 다섯 번쯤은 제목을 착각했다. (누군가에게 이 영화를 추천하고 싶을 때마다 사라지는 것들, 잃어버린 것들 같은 온갖 상실의 언어로 말했는데 아무리 검색해도 나오지 않았다. 매번 같은 영화를 말하지만 늘상 다른 이름으로 착각한 것이다.) 삶은 길이로든 너비로든 어쨌든 유한하고, 흘러온 것을 다 품에 안고 살아갈 수는 없으니까 자연스레 사라지는 게 있다. 세상은 생성과 유지, 소멸과 재생을 통해 굴러가고 있으니 잃어가는 동안에 그것의 자리에 고요하게 채워지는 것 또한 존재한다. 생겨났다가 사라진 자리에 새롭게

남겨지는 씨앗들. 이 영화에서 나탈리는 중년으로
다가서는 중이고, 고등학교 철학 교사다. 치매에
걸린 엄마의 전화를 시도 때도 없이 받으며 하루하루
살아간다. 그런데 어느 날, 25년을 함께 산 남편이 다른
사람이 생겼다며 이별을 통보하고, 그녀를 존경한다던
제자는 어느덧 머리가 커져서 당신의 결정이 가르쳤던
이념과 들어맞지 않는다는 말을 한다. 마치 그의 삶 속
주요 등장인물들이 하나둘 사라지는 것처럼 보인다.
늘 자신을 힘들게 하던 어머니와 고양이마저 떠난
자리, 영화 말미에 그는 제자에게 한 번도 겪어본 적
없는 온전한 자유를 드디어 되찾았다고 말한다.
당연하게도 인생은 거기에서 끝나지 않는다. 삶의 가을
혹은 겨울을 맞이한 것 같은 나탈리도 추운 계절 동안
살아남으며 잘 지내면 결국 봄을 맞이할 것이다. 지금
그가 마음속에 심는 씨앗은 가을과 겨울을 든든하게
살게 할 테고 맞이할 새봄에는 생을 향한 달라진
시선이나 다가오는 것을 향한 다른 표정 같은, 처음
보는 빛깔의 아름다운 꽃을 피우게 되겠지.

눈을 감으면 언제든 여름 바다에게 안겨서 듣던
파도의 음성을 내 삶의 깊은 자리로 데려올 수 있다.
의식적으로 기억하려는 행위는 언젠가 힘을 잃게

될지 몰라도 무의식에 새겨진 말들은 진득하게 남아 거센 바람이나 세찬 비에도 지워지지 않는다. 언젠가 먼 훗날에는 그 언어가 만들어둔 자리에 삶이 놓여 있으리라. 그러니 오늘도 가을의 씨앗을 심는 마음으로 눈을 감고 말한다. "사랑으로 자유롭게. 매 순간을 선택할 수 있다는 걸 기억해." 늦지 않았다. 가을의 씨앗을 뿌리기에 가장 정확한 시기에 도착했을 뿐.

다음 휴일에는 오랜만에 화원에 들러야겠다. 사나운 바람이 부는 어려운 계절 동안 서로 의지하며 시간을 보낼 친구를 데려오면 어떨까 싶어서. 마음 터놓을 친구를 늘 새 학기에 사귀진 않았고, 가까워지기에 가장 좋은 때가 언제인지 아직도 잘 모른다. 식물 친구를 잘 살려두기 위해 삶의 자리를 정돈하는 동안 나의 마음도 단정한 침묵 속에서 생생하게 빛나고, 그리하여 우리가 조용한 봄을 함께 맞이할 수 있으면 좋겠다.

입추立秋: 가을 절기 중 첫 번째이며, 서늘한 바람이 반가운 때로 새 계절에 접어들었음을 느낄 수 있다.

처서
눅눅한 것들을 햇볕에 말리는 절기

다시 달리기를 시작했다. 달리기 위해 밟게 되는
마음의 문턱은 나가지 않는 동안 점점 더 높게
자라난다. 돌보지 않아도 무럭무럭 크는 잡초처럼.
나가지 않는 동안 부쩍 높아진 문턱을 넘어갈 수 없을
것 같았는데 마음에 생겨난 생채기와 멀미 덕분에,
아니지, 멀리까지 가고 싶은 마음 덕분에 높은 문턱을
경쾌하게 넘을 수 있었다. 일 년 반 만에 달리려니

처음에는 발목이 불편하고 어깨도 자꾸만 긴장되어
숨이 잘 안 쉬어지는 기분이 들었다. 어딘가 불편함이
느껴지면 온통 그곳에만 집중하게 된다. 발목이
불편하게 느껴지니 그때부터 한동안 나는 발목 자체가
되어버려서 허벅지도, 배도, 팔도 없이 발목과 나만
남은 것처럼 그곳에 몰두하며 달렸다. 그렇게 십 분을
뛰다가 인터벌 트레이닝을 위해 걷기 시작하며 고개를
들었는데 세상이 반짝이고 있었다. 한강에 넓게 채워진
윤슬에 눈이 가늘게 떠지는 찬란한 오후, 넓고 높은
푸르름 속에서 달리면서도 어두운 터널 안을 뛰는
얼굴이었다는 것을 깨닫게 되었다.

'처서' 무렵, 옛사람들은 여름과 장마를 겪으면서
눅눅해진 책과 옷을 꺼내 말리는 일을 했는데,
음지에서 말리는 것은 '음건陰乾', 햇볕에서 말리는 것은
'포쇄曝曬'라고 하였다. 한껏 펼쳐두고 바람과 빛을
만나게 하려면 우선 지금 가진 것들을 하나하나, 놓여
있던 자리로부터 꺼내야 했을 것이다. 볕으로 내어
두는 건 아마도 다정하게 다음으로 가져가고 싶은 것,
그동안 고마웠다고 인사하고 앞으로도 잘 부탁한다는
말을 건네고 싶은 것들이었겠지. 달리기를 하며 햇빛
아래 있으니 포쇄하고 싶은 내면의 조각들을 하나둘

꺼내어볼 용기가 생겼다.

누군가의 말에 불편함을 느껴 멀미가 나도록 마음을
보고 또 보았는데, 햇살 속에 나를 둔 채 들여다보니
그 말을 오래 붙잡은 이유는 스쳐 가는 한마디에
마음 아파하는 나의 약함이 싫어서였다. 그걸 알아본
순간 질문이 바뀌었다. '무엇을 경험하기 위해
그 말을 들은 걸까?' 관심이 다시 나에게 돌아오니까
불편한 감정과 아픈 상처를 만드는데 큰 역할을 한 건
부딪쳐온 사건보다 그걸 바라보는 나의 시선이었다는
걸 깨닫는다. 내가 올해 맺고 싶었던 열매는 '강함'과
'자유'였다. 바깥 이야기에 휘둘리지 않고 다시 중심을
잡는 것, 한마디 말에 너무 오래 주저앉아 울지 말고
툭툭 털고 일어나 걷는 것, 타인의 슬픔에 마음을
기울이더라도 나를 잃어버리지 않는 것, 그 모든 것에
묶이지 않는 자유로운 상태를 꿈꿨다. 그런데 지금
도착한 자리의 나를 보면 꿈꾼 상태와는 거리가 멀다.
누군가가 울면 같이 울다가 때론 더 많이 울어버리고,
어떤 눈빛과 마주쳐 아픔을 느끼면 통증의 이유를
하염없이 헤집다가 휘청휘청 비틀댄다.

보기로 한 사람에게만 보이는 게 있다. 제대로 된

열매 하나 손에 쥐지 못한 해인 것 같았는데, 원하던 열매가 아니어서 빈손인 것처럼 느꼈다는 걸 알았다. 꿈꾸던 '강함'이라는 열매는 없지만 내 연약함을 제대로 알아본 일이 분명하게 남았다. 상상하지 못한 모양의 열매를 어색한 손으로 들고 있는 내 곁에서 품을 연다. 예상하던 색과 향기가 아니어도 올해의 나이기에 만들어진 열매에는 봄과 여름을 지나오며 마주하던 모든 게 담겨 있다. 햇살의 기대감과 바람의 흔들림, 주저앉게 하던 비, 계절의 콧노래를 듣던 날의 미소, 태풍이 몰려오던 어두운 날의 두려움까지. 계절의 다양한 표정이 새겨진 나의 모양을 품에 온전히 안는다. 이제 열매는 스스로 무르익을 일만 남았다. 무엇을 더하려는 마음 대신 지금의 모양에게 고맙다고 인사하면 감사와 사랑의 빛이 열매에 채워지고, 그게 열매를 더욱 달게 만들 것이다.

처서의 처處는 머무른다는 뜻도 있지만 처리하다 또는 멈춘다의 뜻도 있다. 서暑는 더위를 뜻하니까 '더위가 머물러 있다'의 의미이기도 하고, '더위를 마무리 짓거나 멈추는 날'이라는 뜻도 된다. 여름의 바깥으로 걸어 나간다. 가을 안으로 걸어 들어간다. 어느 쪽이든 바깥으로 열어둔 문은 안으로도 열릴 것이고, 하나의 문 밖으로 나가야만 다음 세계를 만날 수 있다. 더 멋진 열매를 만들어보려는 마음을 전부 내려놓고 알아봄과 기다림의 시간으로 전환해 본다. 그래야만 다가올 추운 계절에 살아남아 세계를 건너갈 수 있으므로.

영향을 받는다는 것, 함께 운다는 것, 한마디 말에 무릎에 힘이 풀린다는 것, 그러니까 그건 모두 사랑하고 있다는 뜻이다. 깊이 사랑하기 때문에 휘둘린다. 사랑하는 마음, 어떤 눈물에 덩달아 연약하게 굽혀지는 어깨와 둥글게 말리는 등을 가진 나를 이해하며 사랑하고 싶어졌다. 바깥의 영향을 받지 않는 자유로움이 아니라 영향을 주고 또 받으며 살아가는 자유로움이라는 열매를 다시 꿈꾼다. 열매는 땅으로 돌아와 씨앗이 된다. 지금의 열매는 미래의 씨앗, 그대로 둔다. "처서가 지나면 풀도 울며 돌아간다."는 말이 있다. 모든 식물이 성장을 멈추고 잎을 떨굴 준비를 하는 때, 잎을 넓히려는 욕심은 내려놓아야 한다. 잎이 땅에 떨어져 토양이 되어야 다음 해에 새로운 싹을 틔울 테니까.

가을볕에 포쇄하듯 한 해의 삶이 빼곡하게 적힌 나라는 책을 펼쳐둔다. 글자들이 햇살 속에서 바람을 맞는 동안 봄과 여름의 사건 사이, 여름과 가을의 마음들 사이, 행간은 새롭게 읽히기 시작할 것이다. 다르게 이해된 행간은 이제 흘러올 문장에 대한 환영의 마중물이다.

처서處暑: 가을 절기 중 두 번째이며, 아침저녁으로 신선한 기운이 감돌고 쾌청한 날이 이어지는 시기다.

백 로
열매가 안으로 무르익는 절기

여전히 낮에는 여름처럼 덥지만 땅에 쌓인 열기는
금방 빠져나갈 것이다. 하늘에 먼저 도착한 가을이
저녁 공기의 질감을 바꾼다. 우리가 잠든 사이, 열기와
한기는 공중에서 엉겨 이슬이 된다. 자연은 이미
가을이 완연하다는 것을 보여주고 싶어 안달이라도 난
것처럼 아침이면 풀잎에 흰 이슬을 맺는다. 지난밤에는
창을 연 채 자려고 누웠는데 풀벌레 소리가 들렸다.

이제 매미 소리는 들리지 않는다.

자전거를 타다가 심하게 넘어진 날을 잊고 또다시
자전거 페달을 밟는데 갑자기 심장이 요동치고 등에
식은땀이 났다. 나는 잠시 잊었어도 몸은 선명하게
기억하는지 표면이 고르지 않은 길을 지날 때마다
심장이 빠르게 뛰고 자꾸만 손에 땀이 나서 결국에는
중간에 자전거를 반납하고 말았다. 친절한 가을바람과
높고 푸른 하늘, 울상이던 나는 그 품 안에서
어린아이처럼 고개를 들고 말했다. "겁이 나." 연이어
요즘 나의 연습, "겁이 나는 예슬아, 나는 겁내는
너를 사랑해."라고 말한다. 제일 수용하기 어려운 나의
모습을 마주할 때마다 그럴 일 아니라고 핀잔을 주거나
외면하는 대신 그렇게 말하고 있다. 말하고 나면
여러모로 서툰 내 모습이 꽤 사랑스럽게 느껴진다.
역시 사랑 앞에 장사 없는 걸까. 내게 말을 걸고 나니
계절이 용기를 내어보라고, 손을 내밀고 또 끌어당겨
준다. 다시 보니 자전거 대여권은 아직 110분이나
남아 있고, 오늘이 지나가기 전에 그 이용권으로 다시
빌릴 수 있다는 것도 알게 되었다. 겁내는 내 곁을
떠나지 않기로 다짐하고는 자전거를 빌렸다. 처음에는
다가오는 모든 물체가 위협적으로 보이고, 내가 넘을

수 있는 턱의 높이가 가늠이 안 돼서 길가에 멈추어
숨 고르기도 여러 번, 시간이 얼마나 지났을까.
노을이 지는 방향으로 달리던 나는 해가 사그라드는
모습을 한동안 바라보았다. 벌벌 떨면서 땅만 보며
페달을 밟다가 드디어 다시 고개를 든 것이다. 물이
뭍에 닿는 소리를 좋아한다. 집에서 가까운 한강변,
그 소리가 유독 크게 들리는 자리를 안다. 그 자리로
나를 데려가 소리를 들려주었다. 용기를 낸 나에게
선물을 주고 싶어서. 물이 뭍에 닿을 때면 그곳이
강이어도 바다여도 비슷한 소리가 난다. 물결이 물거품
되어 부서지는 걸 들으면 바람에 스치는 나뭇잎
소리처럼 안심이 된다. 가을 곤충들의 소리, 이름 모를
새와 반가운 까치 소리, 물소리, 그곳을 지나가는
사람들의 말소리까지 더해져서 나를 둘러싼 세계가 더
풍성해졌다. 마음속에는 잘 지나갔습니다, 고맙습니다,
그 말이 남아 바깥 소리와 협연을 선보인다.

올해의 계절을 마주하며 넘어지고, 일어서고, 뛰다가,
걷다가 그렇게 지내며 넓어진 반경의 가장자리에서
시선을 안으로 옮겨 내부에 남겨진 장면에 주의를
기울인다. 아쉬움이나 서두름 없이 지금의 삶에
흩어져 있는 것들을 도토리 줍듯 하나하나 주워 담아

소중하게 쓰다듬는다. 바닷가에서 조개껍데기와
돌을 주워 동그랗게 펼쳐두는 것을 좋아하는데, 그럴
때마다 소중하게 여기면 보물이 되고 하찮게 여기면
쓸모없는 것이 된다는 게 분명한 진실로 여겨진다.
무엇이든 제대로 알아보고 나면 알아보기 전과 같을
수 없다. 알아본 후에 그것을 분명하게 하려고 힘을
쓰기 때문이 아니라 알아보는 것 자체에 힘이 있어서.
그러니 알아본다는 건 무언가 알아본 그 자리에 새기는
일, 알아본 후에 마주하게 될 것을 준비된 상태로
맞이하도록 돕는 일이다. 지금의 모습으로 여기에
도착하기 위해 그 모든 날을 걸어왔다. 잘못된 것은
아무것도 없다. 삶이 밀어주면 그 자리로 밀려가고,
삶이 당겨주면 그 자리로 당겨지는 것뿐. 이제 힘을
뺀 채로 흘러 들어온 것과 손잡고 안으로 더 들어가
보려 한다. 나의 일부를 바꾸려고 하니 답답하고,
이해하려고 하니 막막했는데, "그렇구나! 근데 그런
너를 사랑해!" 명랑하게 말하고 나니 궁금함도
두려움도 슬쩍 자리를 비운 마음에 바람이 드나든다.

"'백로'는 포도순절"이라는 말처럼 제철을 맞이하여
달콤해진 포도를 먹다가 문득, 더 이상 넓어지거나
커지지 못했던 올해의 삶이 이해되는 것 같은 기분이

들었다. 포도는 한없이 커질 수 없다. 포도 알은 한없이 늘어나서는 안 된다. 올해의 포도 줄기가 감당할 수 있을 만큼, 딱 그만큼 커진 후에는 바깥으로 부푸는 대신 안으로 여물기 시작해야만 한다. 열매가 달게 무르익는 것은 몸집이 커지지 않는 지금. 이때 열매의 맛이 결정된다. 열매가 알차게 익어가도록 기다리는 일, 날씨라는 우연에 온통 의지하는 일만이 남아 있다. 인간의 힘으로 어찌할 수 없는 것에 올해의 농사를 맡기는 지혜의 시간이다.

이 무렵에는 날씨에 기대를 걸고 그저 기다리느라 농사일이 꽤 한가하다고 한다. 그래서 옛날에는 결혼 후 본가에 가지 못하던 여성들이 친정과 시집 사이에서 가족을 만나 맛있는 음식을 나눠 먹고 소식을 전하는 '반보기'라는 풍습이 있었다고. 올해의 삶이 언덕을 만나 어떤 오르내림을 겪었더라도 떠나온 가족에게로 돌아가 지난날을 나눈다는 것. 날이 추워지기 전에 사랑하는 이들에게 돌아가 마음을 내려놓았다는 게 요즘 나의 연습과 닮았다. 나 역시 "어떤 모습이어도 그런 너를 사랑해."라고 먼저 말해주는 사람들에게로 돌아가는 날들을 만들고 있다. 안심할 수 있는 이들이 내어준 자리에 흘러오고 떠나간 걸 꺼내어두면, 내게 찾아온 것도 오지 않은 것도 모두 어떤 형식으로든 정확한 자리에 도착한 것과 같다는 걸 이해하게 되지 않았을까.

이미 도착한 게 있고, 오는 장면을 분명 보았는데 나를 스쳐 멀어져 간 것이 있다. 아예 오지 않았으면 몰라도 오는 장면을 슬쩍 본 건 달려가 붙잡고 싶어진다. 그래도 지금 내가 마주한 시기가 백로라면, 그 마음을 거두어야 한다. 아직 오지 않은 것은 때가 되지 않은 것, 올 때가 되면 자연스레 올 것을 믿는 마음이 필요하다. 그렇게 지금 남겨진 걸 다시 보는 시간. '나'라는 집을 두고 떠나지 않는다. 다른 곳으로 간 손님을 찾느라 애먼 시간을 손가락 사이로 흘려보내지 않고, 이미 집 안에 들어와 자리를 차지한 손님에게 시선을 보낸다. 그것이 어둡고 딱딱한 조각이어도 혹은 반짝이는 부드러움을 가진 것이어도, 곁에 없는 것을 보려고 허공을 응시하는 대신 확실하게 남은 것에게 다가가 들여다본다. 끝의 시작은 폭죽 소리 없이 고요하게 찾아온다. 귀를 기울이면 들리고, 고개 숙여 눈을 마주치면 보이는 남겨진 것들. 그리고 가을은 그걸 축복이라도 하듯 적당한 온도와 부드러운 바람을 이곳으로 보낸다.

한 나무의 수많은 잎 중 단 몇 개만이 노랗게 물든 모습을 본다. 다 물들기 전, 그 끝의 시작을 알아본 나는 저물어 가는 모든 과정을 마음에 새겨둘 수 있을 것이다.

백로白露: 가을 절기 중 세 번째로, 밤의 기온이 떨어져 풀잎에 이슬이 맺히는 데서 유래한 이름이다.

추분
가을걷이의 감사함을 느끼는 절기

밤은 다시 길어질 것이다. 공기에서는 열기가 점점 빠져나가고, 땅과 바다는 당연하다는 듯이 차가워진다. 춘분에서 지금까지 흘러오며 넓게 펼쳐진 낮 속에서 멀리 가볼 수 있던 것처럼 다시 지금과 춘분 사이,

길어진 어둠 속에서는 조금 더 깊은 곳으로 들어갈 기회가 주어진다.

'추분'은 무르익은 곡식을 추수하는 시기다. 봄볕에 싹이 터 여름의 뜨거운 햇살을 받으며 키가 자라고, 장마철 비까지 머금은 단단하고 무성한 작물들을 거두어들이는 시기. 색이 곱지 않아도 맛이 좋을 수 있고, 빛깔은 좋지만 깊은 맛이 덜한 것도 있을 테다. 농사지은 사람의 눈에는 그 모두가 애틋하지 않을까. 올해의 웃음과 눈물, 설렘과 걱정이 그 안에 가득할 테니까. 가을걷이하는 농부의 눈으로 지금 내 곁에서 드러난 것을 바라보면 모든 게 소중하다. 어느 하나 타박하지 않으며 수확해 그 쓸모가 세상에 드러나도록 먼지를 털어내는 농부처럼, 나에 대해 배우게 된 어느 한 조각을 너무 넓거나 좁지 않은 적당한 자리에 두고 티끌을 닦아낸다.

집에 쌓인 더운 계절의 묵은 때를 닦고, 커튼을 세탁하여 다시 걸고, 냉장고와 찬장을 정리했다. 좋아하는 돌들을 꺼내어 깨끗하게 닦은 뒤 다시 유리병에 담고, 창틀을 말끔하게 한다. 손이 닿는 곳을 정돈하는 일은 손이 닿을 수 없는 마음 깊숙한 어딘가를 다정하게 어루만지는 일처럼 느껴진다. 봄철의 대청소가 바깥으로의 확장을 위한 준비였다면, 가을철 대청소는 안으로의 확장을 준비하는 일이다. 삶의 역사는 그 사이 어디쯤에 쓰일 테니 봄 청소 후에 멀리 나가 경험한 것을 가을 정리정돈 시간에는 내 안에 기록한다. 주변을 가지런히 하고 나니 불현듯 드러난, 거칠고 모난 날 것 그대로의 내 모습을 부드럽게 어루만질 준비가 된 것 같다. 올봄과 여름을 지나오며 나에 대해 발견한 것 중 가장 견딜 수 없는 것은 준비가 되었다고 확신할 때까지 한 걸음도 내딛지 못하는 기질과 늘 최악의 시나리오를 앞서 상상하고 대비하려는 습관이다. 나를 바꿔보려고 애쓰는 나에게 선배가 말했다. "차근차근 준비한 후에 시작하려는 너를 왜 자꾸만 미워해? 그런 성격은 아마 오래전에 만들어졌을 거야. 어쩔 수 없이 만들어졌을 가능성이 크고. 예를 들어 누군가가 '기타 한번 배워볼까?' 무심히 생각했을 때, 어떤 사람에겐 기타를 툭 사주면서 '그래, 한번 배워봐.' 이야기해 줄 삼촌이 있고, 어떤 사람 곁에는 그런 존재가 없어. 그런 존재가 없는 사람은 생각할 수밖에 없지. 기타를 샀는데 나랑 잘 안 맞으면 어떻게 하지?

배우는 시간, 악기를 사고 수업을 듣는 비용,
연습하는 데 드는 노력 같은 걸 미리 생각하지
않고는 시작할 수가 없는 거야. 그냥, 그럴 수밖에
없는 것. 그렇게 살아온 사람은 그게 깊숙하게
새겨져서 무언가를 시작하기 전에 다 헤아려 보게 돼.
네 인생이 그렇지 않아? 기타 사주는 삼촌이 없었지?
그래서 어쩔 수 없이 들어와 굳어진 습관을 이제 와
미워할 필요는 없어. 다 잘 살아보고 싶어서 네가
그렇게 했겠지. 그렇구나, 해버리면 되고 이젠 알게
되었으니 가끔은 준비 없이, 스스로 가볍게 기타
사주는 삼촌처럼 굴면서 지내보는 거야."

이야기를 들을 때는 '그런가?' 하고 웃었는데
집으로 돌아오면서는 울고 싶은 기분이 들었다.
삼면이 창인 집으로 돌아와 가방을 내려놓자마자
모든 문을 활짝 열었다. 창을 전부 열면 바람이
서로를 환대하며 인사하듯 공중에서 뒤섞이고,
손뼉을 치며 스쳐 간다. 습관처럼 클래식 FM을 켜고
창밖을 보는데 멀리 무지개가 보였다.
보랏빛으로 물드는 하늘과 건물에 부딪히는 마지막
햇살이 반가워서 옥상에 올라갔다. 손에 잡히지 않는
것에 조금이라도 더 가까이 손을 뻗고 싶은 마음.

그러다가 옥상에 올라온 차림 그대로 아무것도 챙기지
않은 채 계단을 서둘러 내려와 양화대교 방향으로
달렸다. 무슨 급한 일이라도 있는 사람처럼 숨차게
달리는 그 순간이 좋았다. 나에게 지금 가장 중요한
일이 노을과 무지개라는 것이, 그리고 아무 준비도
하지 않고 헐레벌떡 뛰어나왔다는 사실이 너무 좋아서
웃음이 흘러나왔다.

모든 표정의 내가 다 소중하다. 준비하는 데 많은
시간이 필요하고 내내 두려워하는 나도, 가끔은
머뭇거림 없이 헐레벌떡 뛰어나가는 나도, 최악을
미리부터 생각하며 또다시 겁내는 나도, 마음 채비를
했어도 최악을 만나면 무너지고 마는 나도. 단단하고
무른 모습이 뒤섞여 있는 나를 똑바로 본다. 그 모든
모습을 안고 하나하나 매만질 수 있도록 밤이
넉넉하게 길어졌다.

추분에는 이 무렵이 되어서야 등장하는 별, 노인성에
제사를 지냈다고 한다. 옛사람들은 어떤 말로 마음을
하늘에 보냈을까. 오래 살게 해주세요, 건강하게 살게
해주세요, 했을까. 나는 하늘을 올려다보며 기도한다.
제가 제 모습 그대로를 사랑하며 지낼 수 있게

도와주세요. 저는 주신 그대로의 빛과 어둠을 구별 없이 감사히 받겠습니다. 품에 안고 온기를 느끼면서 추운 날들의 저를 안겠습니다.

추분秋分: 가을 절기 중 네 번째로, 점차 낮보다 밤이 길어지며 논밭의 곡식을 거두어들이는 시기다.

한로
내년의 씨앗을 갈무리하는 절기

한 해가 새롭게 시작되는 시기는 언제일까. 1월이 있는 겨울일까, 꽃이 피어나는 봄일까, 아니면 어떤 마음이 강을 건너 새로운 땅에 도착하는 순간일까. 어릴 때는 새 학기가 되어야 새해가 시작되는 느낌이 들었다.

새 노트를 준비하고 키가 큰 연필들을 깎아 필통에
담고, 엄지손가락으로 아직 깨끗한 교과서 옆면을
가로로 훑으며 넘겨볼 때 새로 시작되는 삶이
궁금해지곤 했다. 낯선 교실에서 만나 친구가 될
아이들은 어떤 목소리로 말하고 어떻게 웃을지,
담임 선생님은 무슨 과목을 담당할지, 교실 옆자리에
앉아 짧게는 한 달을, 길게는 한 학기를 함께하며
매일 이야기를 나누다 정이 들 존재들이 궁금했는데
모든 질문의 공통점은 내가 정하지 않았으나 내 곁으로
흘러오게 될 것에 대한 호기심. 이제 와 돌아보면
그 많은 만남을 겪으며 내가 지을 표정을 궁금했던
것인지도 모른다.

무언가를 경험하면서 감정을 느낄 때면 그게 꼭
나의 전부인 것처럼 느껴진다. 이 순간은 내 삶
전체로 보자면 제일 바깥쪽이고, 지금 느끼는 것은
가장자리의 마음일 뿐인데. 막 도착한 것의 선명함은
순식간에 시선을 사로잡아 전체를 보지 못한 채
마음을 휘청거리게 한다. 지난 몇 년간을 떠올리면서
'후회'라는 감정과 자주 만나고 있다. 나도 모르게
'그때 그 말을 하지 않았다면 어땠을까?', 혹은 '그
말을 들으니 내 마음이 많이 아프다고 이야기했다면

어땠을까?' 같은 생각이다. 그래봐야 소용없다는 것을 알면서도, 문득 떠오르면 그 마음을 떼어내지 못해 품 안이 타는 줄도 모르고 불덩이를 끌어안은 사람처럼 곤란한 얼굴로 서성거린다. 내 삶이 온통 후회인 것도 아닌데, 잘못했던 일들을 자꾸 생각하고 그러다 보면 또 뭔가를 잘못할 것 같아서 걸음을 내딛기가 두려워진다. 앞만 바라보며 달려갈 때는 그저 기대되던 미래가 옆과 뒤를 오래 바라보며 속도를 늦추니 오히려 겁이 나는 세계가 되었다.

'한로'는 모든 열매 사이에서 가장 잘생기고 빛나는 걸 골라 씨앗 갈무리를 하는 시기다. 제일 빛깔이 좋고 화사하게 부풀어 오른 열매를 바로 수확하지 않고 그 자리에 두면 내년을 위한 씨앗이 된다. 차가워지는 공기와 건조해지는 바람, 길어지는 밤은 음의 에너지를 점점 강하게 하고, 음이라는 것은 안으로 깊어지는 방향성을 가졌다. 그래서 더 이상 밖으로 커지지 못하는 이 시기에 열매를 따지 않고 두면 음기의 도움으로 달게 부풀어 오르던 기운이 모두 씨앗으로 수렴된다. 다시 안으로 멀리 들어가며 응축하는 때, 따지 않은 열매의 겉면이 쭈글쭈글해지거나 물러지고 말라가는 것처럼 보이지만 씨앗에는 지난 한 해 동안의

발자취가 조금 더 깊이, 빼곡하게 새겨진다. 그 씨앗은 다음 해 봄, 땅에 심으며 삶을 새롭게 시작할 용기를 줄 테니 잘 골라야만 한다. 무엇이 다음을 위해 가장 좋은 씨앗인지, 어떤 모양과 빛깔의 열매를 마주하고 싶어서 서둘러 수확하지 않고 기다리며 귀하게 여기는지를.

추수하는 시기인 덕분에 많은 것이 풍요롭게 느껴지는 이 계절에는 농사지은 과일과 채소의 맛이 풍성하게 채워진다. 지금 가장 좋은 때를 맞은 모든 것은 제철이라는 말로 우리의 이목을 끌어당기고, 그렇게 마음 이끌려 간 자리에서 한입 베어 물면 안에 담긴 한 해가 고마워진다. 좋은 시절에 도착해서 사랑하는 이와 함께 사과대추를 먹으며 그에게 나의 엉망인 모습에 대해 말했다. 후회되는 장면들은 나의 기질과 오랜 습관이 겹겹이 포개지다 결국 바깥으로 터져 나온 순간이다. 그렇게 별로인 내가 천천히 쌓여가는 중이라는 것을 과거의 나는 모르지 않았다. 문제라 생각하지 않으며 잠시 미뤄두면 그만이었고, 그런 엉망인 모습을 아는 것은 나뿐이니까 모른 척하면 감쪽같다고 은연중에 생각했을지도 알 수 없는 일이다. 그는 나의 말에 "맞아, 네가 그럴 때가 있어." 대답하고는 더 이상 말을 덧붙이지 않았다. 나만 알고 있는 줄 알았던 못된 부분들, 잘 감추고 있는 줄 알았던 성질들을 그가 이미 알고도 아무 말 하지 않았다는 걸 알게 되었다. 나만 아는 게 아니었다니! 알고도 상관없는 얼굴이라니! 말을 잃어버리고 먼 허공만 바라보게 되었다. 그러다가 문득, 그렇게 후지고 초라한 모습을 알면서도 상관없다는 표정을 느긋하게 짓는 것이 '사랑'이라고 여겨지며 마음이 어느 모퉁이를 돈다.

'지금 느끼는 감정과 생각'이라는 이름으로 부풀어 오른 열매 안에는 분명하게 정리된 마음도 있고, 아직 명료하지 않은 것도 있다. 가끔은 모호해 보이는 게 가장 큰 잠재력을 머금고 있기도 하고, 특별하지 않은 걸 씨앗 삼았는데 훗날 삶 전체를 커다랗게 비추는 빛이 되기도 한다. 그러니 씨앗을 갈무리한다는 건 생의 다음 날을 넓고 큰 마음으로 준비하는 일이다. 표면에 드러난 것 너머를 보아야 하고, 지금은 완전히 이해되지 않는 것을 너그럽게 안아야만 한다. 쉬운 일은 아니지만 필요한 일이고, 그렇게 헤아리려고 마음과 시간을 쓰는 동안 지금의 삶으로 밀려와 만들어진 열매들을 하나하나 다시 볼 수 있다. 고마운 것도 미운 것도 하나하나 다시.

그러고 보면 운명은 밀려오기도 했지만, 선택한
것이기도 했다. 나는 들고 있기에 무겁고 뜨거운
지금의 마음 하나를 안고 운명 속으로 걸어 들어가
보고 싶다. 그것을 선택하고 싶다. 언젠가부터
어려움을 마주할 때면 이제 만날 준비가 되어서 만났나
봐, 혼잣말한다. 멀리 걸어 나오니 희미하게 보이던 게
확실한 색을 가진 것으로 보이면서 더 선명한 빛과
때로는 더 차가운 어둠도 만난다.

한로의 나는 후회라는 씨앗과, 흠집 많은 그대로를
존중해 주는 사랑이라는 씨앗을 함께 갈무리하기로
한다. 다음을 위해 모아둔 씨앗 안에 빛과 어둠이
뒤섞여 있는데 그게 꼭 가을 단풍나무 사이로 비치는
빛, 그렇게 만들어지는 그늘의 율동 같다. 씨앗이 꼭
곱고 빛나는 것만이 아니어도 괜찮지. 후회라는 씨앗
또한 귀하게 품고 가기로 했다. 내가 원하는 삶은 모든
일렁임이 그 자체로 아름답게 춤추는 삶이니까.
작년에 소중하게 갈무리하여 땅에 심은 씨앗은 올해의
비, 바람, 눈, 햇살을 한껏 만나고 지금의 삶, 지금의
마음을 경험하게 하였다. 이번 씨앗 또한 내년의 모든
계절을 만나면서 내게 무언가를 맛보게 해줄 것이다.
어떤 날씨가 찾아올지는 이제 더 이상 궁금하지

않다. 그 날씨를 겪어낸 뒤 내가 지을 표정, 그때의 가장자리 마음에 호기심이 생긴다. 새로운 해는 씨앗을 갈무리하는 이 순간 시작되고 있다.

한로寒露: 가을 절기 중 다섯 번째로, 이슬이 찬 공기를 만나 서리로 변하기 직전의 시기다.

상강
단풍을 바라보며 삶을 배우는 절기

빈 화면에 아직 나도, 타인도 상상할 수 없는 이야기를 써 내려가는 일은 여전히 막막하다. 쓰고 싶은 이야기가 좀처럼 생각나지 않을 때는 긴 한숨으로 방 안이 꽉 차버려 창을 열지 않으면 공간이 터질 것처럼 느껴지기도 한다. 쓰고 싶은 것이 있을 때는 막막해하면서도 우선 쓴다. 이야기를 머금고 숨 쉬는 시간과 다시 뱉어내는 시간, 그러다가 쏟아져 버린 문장들을 주워 담는 시간이 흐르고 나면 이야기는 누군가 자신을 만나러 와주기를 기다린다. 그러니까 한마디로 쓰다 보면 쓰게 된다는 말인데, 이번 절기에는 다르다. 쓰고 싶은 이야기가 분명하게 있는데 왜 이렇게 아득하게만 느껴지는지 모르겠다.

'상강'은 서리가 내린다는 뜻이다. 하얀 이슬을 볼 수 있는 백로와 찬 이슬이 맺히는 한로를 지나 이제는 공기 중의 수증기가 얼어붙어 서리가 내리기 시작하는 때가 되었다. 더운물로 차를 내리고 열린 창가에 앉아 있으면 찻물의 더운 숨이 눈에 보인다. 국화가 만개하는 늦가을에는 국화차를 자주 마시는데, 노란 잎이 따뜻한 물 속에서 풀어지면 달고 향긋한 맛이 난다. 모든 초목이 서리를 맞으며 낙엽이 되거나 시들어 가는 때에 되려 화사하게 피어나는 국화꽃의 맛은 명랑하고 다정하다. 마치 찬 공기 속에서도 활짝 웃는 힘이 거기에 있다는 듯. 잘 우러난 찻물을 동그랗고 묵직한 잔에 담아 마시면서 밖을 보니 가을 운동회를 수식하던 '구름 한 점 없는 하늘'이 단번에 떠오르는 풍경. 가을이 완연하게 느껴지는 것은 다른 계절과 마찬가지로 계절의 말미가 되어서다. 상강은 입동을 앞두고 만나는 가을의 마지막 절기,

여기저기에서 단풍이 절정인 때라 세상의 색채가
풍성하게 펼쳐져 뉴스에서는 각 지역 단풍의 시작과
절정을 소개한다. 이제 한 주간, 우리들은 각자
살아가고 있는 곳이나 어딘가 가을 색이 가득한 곳에서
단풍의 이야기를 들어볼 수 있다.

서울로 이사 와 꽤 오래 살던 동네는 산이 마을을
안아주는 모양이었다. 이른 아침 집에서 나왔을 때
어깨를 움츠리며 팔꿈치를 어루만질 무렵이면 버스
정류장에서 온통 울긋불긋한 단풍을 볼 수 있었다.
이르게 물든 노란 잎들과 더디게 물드는 중인 붉은
잎들, 계속 초록빛인 나무들까지 이리저리 뒤섞인
모습을 보니 나무 한 그루가 꼭 한 사람처럼 보여서
'각자의 색으로 살아가는 사람들이 모여 만든 세계는
저렇게 아름답겠구나.' 생각했다. 그런데 요즘은
다양한 색으로 물든 산이 여러 모습을 가진 나,
단 한 사람으로도 보인다. 좋아하는 노란빛의 나,
어쩐지 어울리지 않는 것 같은 붉은빛의 나, 편안하고
느긋한 날의 초록빛 나도 있다. 나는 하나의 나무,
다양한 나무들이 자라는 숲, 커다란 산이기도 하다.

계절은 소리 없이 찾아오는 어둠처럼 삶 깊숙한 곳으로

파고들고, 불현듯 퍼져가는 아침의 빛처럼 순식간에 밀려온다. 아침에 일어나 환기하는데 찬 바람이 밀물처럼 들어왔다. 평소보다 도톰한 양말을 꺼내어 신고 밖으로 나간다. 강가를 향해 몇 걸음 걸으니 키 큰 나무들이 오래된 마음을 안고 흔들린다. 그렇게 흔들리다가 색이 변하고, 또 흔들리다가 땅에 떨어진 수많은 잎. 눈과 바람의 기억, 뜨거운 빛과 어둠의 기억을 다 끌어안고서 출발한 곳으로 돌아온 용기가 있다. 모든 날이 그대로 완전하고 완벽한 경험이었을 수도 있지만 비가 많이 와서, 혹은 뜨거운 햇살이 견디기 어려워 속상한 날도 있었을 텐데 다시 시작할 것을 신뢰하기에 뿌리로 돌아올 용기를 낸 나뭇잎이 무수하다.

누군가에게 나는 참 따뜻한 사람이고, 또 다른 이에게는 냉정한 사람이다. 이런 인상을 만드는 건 나이이기도 하고, 관계를 맺는 타인이 살아온 삶의 역사이기도 하다. 어떤 사람 곁에서 나는 한없이 순하고, 어떤 사람 곁에서는 몹시 딱딱하다. 어릴 때의 나는, 나를 좋은 사람으로 살게 하는 존재 곁에서 머물면 된다고 생각했다. 그의 곁에서 내가 자꾸만 나쁜 사람이 되는 것 같을 땐 헤어지기도 했다. "우리 서로, 좋은 사람으로 살아갈 수 있게 하는 이의 곁으로 가자. 네 곁에서는 내가 자꾸만 작고 좁고 뾰족한 사람이 되는 것 같으니까 그게 서로에게 좋을 것 같아."라고 말했다. 이제 와 돌아보면 작고 좁고 뾰족한 나도 나였는데, 그 모습을 보게 하는 그가 불편했다. 마주하는 얼굴들 속에서 나는 새로운 나의 얼굴을 본다. 거기에는 유독 의연해지지 않는 표정들도 있다. 나에게서 드러나는 감정 중 품에 안기 힘든 것을 마주하게 하는 사건이나 관계가 등장하면, 이제는 멀어지자는 서툰 말 대신 '아직 알아보아야 할 내가 남았구나.' 생각한다. 나의 마음은 다양한 색으로 물드는 나무가 가득 찬 숲 같다. 노란빛으로만 물든 산을 본 적은 없다. 붉은 잎으로만 채워진 산을 본 적도 없다. 여러 빛깔이 섞인 채 하늘을 향해 손을 뻗은 단풍 덕분에 아름다운 산을 본다. 그리고 그렇게 물들던 잎들도 모두 흙의 빛깔로 변하여 땅으로 돌아오는 것 또한 본다.

겨울을 앞두고는 서둘러 단언하지 않고 보류라는 서랍에 많은 것을 넣어두기로 한다. 사실 꽤 오랫동안 그 서랍을 좋아하지 않았다. 무거워지고 싶지 않아서 밀어내거나, 가위로 싹둑 오려내듯

마음을 잘라버리고는 가벼운 척 한 해를 정리하기도
했다. 그런데 지금의 나는 보류의 서랍이 보물처럼
느껴진다. 그게 꼭 가능성의 서랍처럼 여겨져서
그걸 품에 안고 숨을 쉬면 앞으로의 날에 대한
기대가 커진다. '보류'라는 것은 어쨌든 시작은 해본
것들이라 아득하기만 하지도 않고, 성급해지지도 않고
그럭저럭 그윽한 눈빛이 된다. 아직 붉게 물들지도
못했는데 땅에 떨어진 나뭇잎은 다른 잎과 함께 나무
밑동을 다정하게 덮으며 추운 계절을 준비한다.
나도 보류의 서랍을 안고 겨울로 걸어가 보고 싶다.
추운 날이 지나고 언젠가 다시 열었을 때 자연스레
모든 것의 이유를 알게 될 지도 모르니까. 밀어냄의
역사를 쌓는 대신 기억하며 떨어지고, 기억하며 다시
피어나는 안아줌의 역사를 만들고 싶다. 낙엽들이
나무뿌리를 다정하게 안아주듯 지금 마주한 다양한
얼굴의 기억으로 마음 뿌리를 포근하게 안아준다.
상강은 가을의 마지막 절기라서 다가오는 겨울을
준비하며 목화를 따서 실도 만들고 옷도 만들고 이불도
지었다는데, 지금의 내가 만드는 모든 빛깔을 사랑하는
일이 남다르게 따뜻한 목화솜 이불처럼 나를 감싸줄
것이라 믿고 있다.

마무리는 언제나 시작을 위해 가장 좋은 준비의 시간.
그 시간을 조심조심 다루면서 동시에 사랑한다. 가을의
마지막 절기가 지나고 나면 입동이 우리를 기다린다.
이제 곧 겨울이 온다. 해내지 못한 많은 것들과 지금은
이해되지 않는 마음들을 오목한 두 손에 담고 사뿐하게
걸어간다. 차가운 바람이 불면 잊혀도 괜찮은
몇 가지는 날아갈 테고, 남아야 할 것만 남게 될 테다.
그러하기를 바라면 찬 바람이 반갑다.

상강의 글을 쓰기 어려웠던 건 모든 걸 품에 안기가
어려운 것과 같은 이유였다. 아직 작은 내가 큰 품으로
안을 준비를 하느라 그토록 버거웠구나, 알 수 없는
것을 그대로 품에 안아버리는 일이 어려웠겠지. 그래,
해보지 않은 일이었으니 어려울 만도 해. 이제야
아득하게 어둡던 마음의 시간이 이해된다. 쓰다 보니
쓰게 되었고, 쓰고 나니 알게 되었다. 그러니 계속 쓰는
마음으로, 모든 것을 안고 간다. 겨울로.

상강霜降: 가을 절기 중 여섯 번째로, 기온이 낮아서
서리가 내리며 단풍이 절정에 이르는 시기다.

네 번째, 겨울

입동
경험이 지혜가 되는 계절의 절기

서리가 내리는 상강이 지나고, 겨울의 절기가
'입동'으로 시작된다. 입동은 말 그대로 겨울로
들어선다는 뜻인데, 오래전 사람들은 겨울 초입에서
함께 추위를 겪어내는 존재들을 떠올렸다. 절기 전후로
가족과 이웃이 모여 김장하며 같이 겨울을 준비했고,
'치계미雉鷄米'라는 풍습도 있다.

치계미는 꿩, 닭, 쌀을 의미하는 한자어인데, 그것들로 사또를 대접하듯 마을 어른들을 융숭하게 대접하는 잔치 풍습이다. 아무리 어려운 살림이어도 옛사람들은 이 풍속을 지키려고 노력했는데, 형편이 안 되는 이들은 미꾸라지라도 잡아 추어탕을 끓이는 '도랑탕 잔치'를 벌이기도 했다고. 그렇게까지 타인을 돌보는 마음은 대체 어떤 모양일까? 아마도 그들은 알고 있었을 것이다. 긴 시간을 살아내며 이미 많은 힘을 써버린 연약한 존재가 추위에 약해질 때, 그 장면을 바라보는 자신의 마음 역시 편안할 수 없다는 것을. 우리는 모두 연결되어 있어서 세계를 묶고 있는 실 어딘가가 늘어지면 나의 삶 또한 팽팽할 수 없고 기울어진 어둠이 스며든다. 추위가 완연해지기 전, 늦지 않게 꺼내어 드는 따뜻한 마음은 겨울에도 모두를 살아남게 한다. 나에게 좋은 것이 당신에게도 좋다면 더 바랄 게 없지 싶은데 그것은 생각보다 어려운 일이 아닌 듯 하다. 우선 가능하다는 것만은 확실하다. 치계미라는 풍습을 이해해 보려고 하는 동안 그것만큼은 정확하게 알 수 있었다.

뜨거운 차는 겨울에 맛이 더 좋다. 집에 손님이 오면 여름에는 냉침한 백차를 내는데, 겨울에는 달콤한

곶감과 홍차를 준비하거나 묵직한 레드 와인에
안주로 보이차를 내리기도 한다. 차가운 백차를
몇 모금에 나눠 삼키고 바깥의 푸르름을 만나기 위해
길을 나서던 여름과는 달리 겨울에는 서둘러 자리를
뜰 수 없는 찻자리가 이어진다. 추우니까 나가고
싶은 마음도 그리 들지 않는 느긋한 분위기, 그렇게
둘러앉아 나눈 온기는 따끈하게 등에 남아 서늘함을
견디는 힘이 된다.

어떤 속도로 질문의 공을 굴려야 상대가 안심하고
받을 수 있는지를 아는 오랜 친구와 지난 계절 동안
마주한 것들, 어느 정도 소화된 것과 아직 소화되지
않아 모르는 것들에 대해 둥글고 부드러운 물음을
주고받는다. 우리는 같은 길을 손잡고 나란히 걸어도
자신의 역사라는 눈을 통해 세상을 보기 때문에
발견하는 것이 다르다. 그러니까 우리의 다름은 우주의
배려 속에서 각자의 세계가 넓어지는 절호의 기회.
넓어지는 일은 자기가 발견한 만큼을 두려움 없이
이야기하고 상대 의견을 듣는 동안 내면에서 일어난다.
홀로 걷는 길에서 보던 아름다움과는 또 다른
멋진 풍경이 곁에서 걷는 친구 덕분에 보이고,
손을 맞잡으니 혼자 펼치던 것보다 멀리 안심하며

몸과 마음을 뻗어낼 수 있다. 그렇게 도착한 자리,
나에게 좋은 것과 친구에게 좋은 게 다르지 않음을,
느슨한 연대가 지닌 다정한 포옹을 느낀다.
홀로 침묵하는 동안에는 가만히 멈춰선 마음 하나가
다시 움직이기 시작한다.

사랑을 잊게 하는 장면이 있다는 것에 아득함을
느낄 때가 있다. 열심히 요가와 명상하면 뭐 하나,
넓어짐 없이 전부 그대로 같은데. 그런 생각이 들면
살아온 날들이 의미 없어 보인다. 친구와 이야기를
나누다가 알게 되었다. 익숙한 삶의 너비와 깊이
안에서는 드러나지 않던 게 심신의 스펙트럼이
확장되자 보이기도 한다는 걸. 준비가 되어야
보이거나 들린다는 옛말과 같은 의미일지도 모르겠다.
지금의 나는 그동안 경험하고 소화한 것 너머의
세계, 낯선 경험 속에 있다. 같은 슬픔이 아니라는
것만으로도 한 걸음 더 나아서 걷는 것, 사랑을 잊게
되는 순간은 새로운 사랑을 시작할 수 있는 순간이다.

새로이 시작하지 않고는 끝낼 수 없는 세계가
누구에게나 있다. 친구와의 대화 덕분에 상상하지
못했던 새로운 사랑을 시작하는 중이다. 여기는

드디어 터널의 바깥이구나, 이곳이 바로 그 마음
밖이구나, 안도하며 말하는 새 겨울의 문턱. 겨울은
바깥으로 멀리 걷는 계절이 아니라 안으로 깊이
스며드는 시기, 서로의 온기에 감탄하고 감사하는
때다. 모든 계절을 계절답게 지낼 때 비로소 생명력이
왕성해진다. 겨울을 잊은 나무는 봄을 맞이할 수 없고,
봄을 기억하는 나무는 겨울이 두렵지 않다. 그리고
나무들은 자기 뿌리 곁에서 생동하는 다른 뿌리와
조우하며 겨울 추위를 살아낸다. 강강술래 하듯 손에
손을 잡고 더 깊이 뿌리 내린다.

겨울에 함께 도착했다. 입동에는 우리가 만나
부드럽고 따뜻한 질문의 공을 서로 굴렸으면 좋겠다.
모든 계절을 살아내느라 수고가 많았다고,
분주한 계절 동안 미뤄둔 인사를 건네고 다가오는
추운 날엔 서로 마음을 기대며 때때로 쉬어 간다면
좋겠다. 경험이 지혜가 되는 시기, 새로운 사랑을
발명하는 시간을 같이 만들어보자는 이야기도 건네고
싶다. 그렇게 뿌리를 맞대고 보낸 우리의 겨울은
다가오는 삶의 든든한 토대가 될 테니까.

바람과 햇빛, 비와 어둠, 눅눅함과 찬란함 속에서

만나 서로 치계미를 할 수 있길 바라며 한동안 만나지 못한 옛 친구에게 메시지를 보낸다.

입동立冬: 겨울 절기 중 첫 번째로, 겨울이 시작되어 산야의 나뭇잎이 떨어지고 풀이 마른다.

소설
겨울이 인사를 건네는 절기

겨울이 왔다. 이제는 분명하게 겨울이라 할 만한
온도와 바람이 느껴진다. 단풍으로 풍성하던 나무들도
자신의 몸집이 되어주던 화려한 옷들을 비 쏟아질 때
우르르, 찬 바람 불 때 또 우수수, 내려놓는다.
나뭇잎이 떨어져 땅으로 돌아오면 흙의 빛깔이라 얼마
전 화사한 색이었다는 게 한여름 밤의 꿈 같다. 모든
것이 무성해지기 전의 모습으로 돌아가고 나면, 나무는

그제야 고요한 쉼을 맞이한다. 플라타너스 곁에 쌓인 낙엽을 밟다가 나도 모르게 뱉어낸 한숨이 하얀 연기로 눈에 보였다. 겨울은 그렇게 전부 감추지 못하는 계절, 나무의 빈 몸 곁에 와르르 흩어진 지난 계절이 아쉽도록 다정해서 한참을 서성거린다. 나무마다 다른 몸의 결도, 다양하게 모인 색깔도, 듬성듬성 벗겨진 자리도 저마다 아름다워서 가만히 손을 대어보니 낮의 빛을 머금어 따뜻하다. 연둣빛 새싹이 돋아나는 시기에 사람들이 보내온 환대와 잎이 커질 무렵에 받은 박수, 열매를 맺을 즈음 들리던 웃음과 기쁨의 목소리, 열매가 무르익어 갈 무렵 기대어 온 이들의 다정함을 나무는 기억한다. 곁을 지키던 이들과 흘깃 바라보고 떠나간 이들, 온기를 나누던 고마운 순간과 기대와 다르다며 실망한 표정들, 사랑과 슬픔, 불안과 안도, 우울과 환희까지 모두 나이테가 되었을 것이다. 이제 그 기억 중 오래 남겨야 할 것만 뿌리에 모은다. 그렇게 모으면 겨울에도 끄떡없겠다 생각한 순간, 나의 겨울을 바라보는 새삼스러운 눈 하나가 생겨났다. 침잠하는 계절을 바라보는 새로운 눈. 오래된 시간 속에 뿌리를 두고 천천히 키워 드디어 싹이 튼 새싹 같은 눈으로 다가온 계절을 본다.

'소설'이라는 아름다운 이름을 가진 절기는 겨울이 시작되는 입동과 큰 눈이 내리는 대설 사이, 첫눈이 내리는 시기다. 차가운 겨울바람이 불어 얼음이 얼면서도 한낮에는 햇살이 따뜻하고, 꽝꽝 얼지 않은 땅의 기운 덕분에 가끔 봄처럼 느껴져서 '소춘'이라고 불리기도 한다. 그러나 소설의 말미, 대설을 앞두고는 꽉 찬 추위가 우리를 기다리고 있다. 옛사람들은 "초순의 홑바지가 하순의 솜바지로 바뀐다."라며 이맘때에 들어서면 월동 준비에 박차를 가했다. 막바지에 하려고 하면 이미 매서운 추위가 들이닥친 후라는 걸 전해오는 지혜를 통해 알고 있었으니까. 입동에 김장은 해두었지만 아직 남은 할 일이 많았을 것이다. 시래기와 무말랭이도 말리고, 한겨울의 늦은 오후 따뜻한 아랫목에서 먹을 곶감도 만들고, 두툼한 솜을 넣어 언 몸을 녹일 누비옷과 솜이불도 마련해 두면서 분주하게 지내는 동안 그들의 마음은 어땠을까. 다가오는 겨울이 기다려졌을까, 미리 장작을 준비하고 창을 바르며 길고 긴 겨울나기가 시작되는 것이 아득하지는 않았을까.

더 추워지기 전 반드시 해야만 하는 준비는 옷장 정리다. 솜바지도 잘 보이는 자리로 꺼내놓고, 추운

아침 바로 챙겨 나갈 수 있도록 목도리와 장갑도
옷장 위 칸으로 옮긴다. 여름철 내내 입던 얇고 가벼운
셔츠들은 깨끗하게 빨아 깊숙이 넣어두고, 겨울철
내내 입게 될 도톰한 니트들을 다시 옷걸이에 건다.
그렇게 하면 가진 것들의 색과 부피, 질감이 분명하게
보인다. 모든 게 버겁고 사는 일이 전부 귀찮던 오래전
어느 날, 옷장 정리를 미루면서 아슬아슬하게 겨울을
통과한 적 있다. 어떤 옷이 필요하면 옷 무더기의
테두리를 뒤적거려 겨우 꺼내 입으면서 지냈다. 어떻게
살아지기는 했으나 한 시절이 지나고 돌아보니
그 겨울에는, 가졌는데도 입지 못한 옷들이 수두룩하고
이미 가진 것과 비슷한 옷을 사기까지 했다는 걸 알게
되었다. 기억엔 늘 한계가 있어서 여름을 온 마음으로
즐기는 동안 몇몇 조각들은 자연스레 휘발된다. 몇 번
입지 않은 옷들은 정리할 때가 되어서야 마주하며 '아!
이런 옷도 있었지.'를 연발하는데, 한동안 손이 가지
않던 옷도 잘 정리해 두면 다음 쓰임을 기약할 수 있다.
누구나 각자의 나이에 어울리는 옷이 있다. 스무 살 때
자주 입던 옷 중 여전히 꺼내어 입는 건 티셔츠 몇 가지
정도. 대부분 지금은 어울리지 않고, 그땐 어울리지
않아 묵혀둔 서른에 산 옷은 마흔이 되니 잘 어울린다.
시기가 잘 맞아야 비로소 그 빛이 드러난다는 게 꼭

내가 가진 능력 같기도 하다. 활용될 필요가 없던 어떤 능력은 서랍 가장 아래 칸, 그중에서도 제일 닿기 어려운 곳에 있다. 잊을 때쯤 한 번씩 먼지를 털고 적당한 자리를 찾아 가지런히 두는 건 있는 것을 정말로 '있게' 한다. 올겨울 나는 어떤 옷을 자주 입을까? 사용할 필요가 없어서 지금은 잘 보이지 않는 능력 중 무엇을 꺼내어 들게 될까? 옷장도, 지금의 삶에 흩어져 있는 지난 계절의 기억들도 시간 들여 정리하면서 빛 속으로 꺼내어 가만히 안아본다. 정돈된 자리에서 삶은 호기심으로 가득 찬다.

겨울은 많은 것이 시작되는 시기다. 언뜻 봄부터 시작된다고 생각하기 쉽지만 자세히 들여다보면 미리 갈무리해 둔 씨앗을 겨우내 품고 있었기에 봄에 새로운 싹이 돋아난다. 그걸 눈치채고 나서부터는 연말에 새롭게 시작하는 것을 좋아하게 되었다. 새해까지 미루지 않고, 봄까지 미뤘다가 삼월에 시작하지도 않고, 씨앗을 품에 안는 마음으로 작은 시도를 해본다. 연말에 시작하는 것은 신기하게 안심이 된다. 조금 서툴고 중도에 포기하게 되더라도 새해에 혹은 설 연휴나 다가올 새봄에 만회할 기회가 얼마든지 있다는 생각에 든든하기 때문일까. 올해에도 연말에 새로운

일들을 시작하고 있다. 큰 기대 없이 그저 씨앗을
만지작거리는 기분으로.

겨울에 기다림의 지혜를 발휘하지 않으면 봄을 봄답게
맞이할 수 없으니, 겨울의 지혜는 살아감의 지혜다.
제대로 습득하지 않으면 살아가는 일이 위태로워진다.
한 사람이 가진 깊은 눈빛은 쉽게 돌아서지 않고
서둘러 외면하지 않으며 성실하게 임해온 사랑의
시간이 보낸 선물일 것이다. 게으른 미움보다 부지런한
사랑에 오늘 분의 몸과 마음, 시간을 쓴다. 추운 계절,
서로 한 걸음 더 다가앉은 자리에서 온기를 나누는
동안 당신의 이야기가 가까이 들리겠지. 먼 곳에서
말할 때는 들리지 않던 것을 듣게 될지도 모른다. 작은
흔들림과 서툰 애정을, 주저하는 마음과 그럼에도
가까워지고 싶은 바람을, 두려웠던 여름과 용기를
냈던 가을을 진실하게 나긋한 목소리로 말하게 된다면
좋겠다. 혼자 남겨진 기나긴 겨울밤에는 내 안에
남겨진 말들에도 조금 더 귀를 기울이고 싶다. 지금
들을 수 있는 것을 듣는 동안, 다음 나이를 살아갈 내가
알아야 할 것을 배울 수 있도록. 돌아보면 늘 정확한
자리에 도착해 들을 수 있는 것에 귀 기울인 덕분에
이곳에 밀려왔고, 여기에서 잘 듣는 동안 또다시

정확한 자리로 밀려갈 것이다.

"인생은 옳은 것입니다. 어떠한 경우에도."라는 릴케의
문장을 오래 사랑해 왔다. 그 문장을 믿기 어려워
울던 날과 온전히 믿게 되어 안도하던 날, 덕분에
일어섰던 날들이 소중한 것을 모아둔 보석 상자 같다.
삶은 언제나 옳고, 지금 도착한 가장 정확한 자리를
알아보고, 성실하게 사랑하는 것만이 내가 할 수 있는
가장 중요한 일이다. 월동 준비를 마쳤다. 이제
서성거리던 걸음이 춤추는 듯한 걸음으로 바뀌고,
그렇게 마주한 겨울에는 마음의 낯선 이름 중
어느 하나를 사랑하게 될 것만 같다.

소설小雪: 겨울 절기 중 두 번째로, 기온이 급강하하며
겨우내 먹을거리와 김장을 준비하는 시기다.

대설
눈이 내려 보리를 덮어주는 절기

"그때 어떤 표정을 지었어?" 어린 조카에게 묻던 날, 곧장 답하지 못하고 한참 생각에 빠져 있던 아이는 "이모, 잘 기억이 안 나. 근데 엄청 재밌었어."라고 대답했다. 초등학교에 입학해 글자를 배우고 쓰는 첫

일기였다. 처음이라는 건 어른이든 아이든 우선
막막한 일인지 조카는 숙제를 하지 못해 발을 동동
구르다가 울상을 한 채 방에 들어가 버렸고, 마침 함께
있던 나에게 언니는 방에 들어가서 아이를 도와줄
수 있는지 물었다. 일기만큼은 꽤 오랜 경력자니까
"물론이지!" 기운차게 답하며 조카에게 어떤 내용을
쓸 것인지 물었다. 체육 시간에 했던 풍선 피구를
쓰겠다고 말하더니 대뜸 선생님이 써서는 안 된다고
말한 것들, 이를테면 일기의 법칙을 내게 설명했다.
"'나는', '오늘' 이런 말은 쓰지 말라고 하셨어."
이야기를 들으며 공책을 내려다보니 '나는', '오늘'을
썼다가 지운 흔적이 보였다. 하면 안 되는 것들, 규칙에
발이 묶여 한 발자국도 걷기 어려워하는 안쓰러운
얼굴. 그 얼굴 곁에 가만히 앉아 같이 공책을 한동안
들여다보았다.

조용히 함께 있다 보니, 글이 잘 안 써질 때마다 자주
산책하러 나가던 날들이 떠올랐다. 어린아이를 데리고
산책하러 나가기에는 꽤 늦은 시간이어서 공책은 그만
들여다보고 산책하듯 먼 곳을 보며 이야기 나눴다.
그날의 하늘은 어떤 색이었는지, 곁에 있던 친구
이름은 무엇인지, 나한테 풍선이 날아올 때 마음은

뜨거워졌는지 캄캄해졌는지, 다가온 풍선을 칠 때
손의 감촉은 어땠는지를 슬쩍 물어보았더니 막막한
눈빛이던 아이는 결국 모든 답을 해냈다. 그 내용을
글자로 남겨두고 밤을 맞이한 그날이 여전히 내 안에
남아 있다. 지금은 고등학생이 된 아이가 마찬가지로
기억하는지는 모르겠지만, 나는 너무도 선명하기에
언젠가 아이가 찾아와 "이모, 있잖아." 하며 새로운
막막함을 꺼내는 날이 오면 말해주고 싶다고 생각한다.
그날을 위해 종종 떠올려본다.

선물로 받은 대봉시가 하나하나 익어가는 모습을
보면서 겨울의 깊은 자리로 천천히 들어왔다.
'대설'은 첫눈이 내려 겨울이 완연해졌음을 알리는
소설과 밤이 가장 긴 동지 사이, 큰 눈이 내리는
날이다. 소설 이후가 되니 여태까지 익지 않았던
감들은 붉은빛이 선명해지고, 겉면이 모두 투명해졌다.
조심스럽게 엄지로 살짝 밀듯 눌러보며 맛을
가늠하다가 싱크대로 가져간다. 차가운 물에 가볍게
씻어내고, 칼로 반을 자르면 달콤할 것이 분명한
과육이 세상에 드러난다. 내가 태어나기 전부터 존재한
엄마의 그릇에 담아 테이블로 가져오는 동안 여러
기억을 떠올린다. 먼 곳에서 가져온 감을 선물하던

사람의 모습과 그릇의 긴 역사 같은 것을 생각하며
다 익은 감들을 매일같이 부랴부랴 삼켰다.

여러 가지를 기억하려고 노력한다. 하나가 떠오를 때
'그 무렵이 언제지? 그때 그런 일도 있었는데?'
꼬리를 물며 생각을 이어가다 보면 포도 알 같은
기억들이 하나의 송이가 되어 기억의 바구니에
담긴다. 기억하는 동안 모든 것은 살아 있고,
남은 기억은 다가오는 날들 중 언젠가에 꽃 피우고
열매 맺게 될 씨앗 같다. 기억과 함께 지내는 동안
그 고리들은 여러 곳에 걸쳐져서 더 이상 잊을 수
없는 것이 되기도 하는데, 그럼 좋은 씨앗을 듬뿍
갈무리해 둔 농부처럼 든든한 마음이 된다.

물건을 잃어버리는 것보다 기억을 잊는 게 더 슬프다.
물건은 사라져도 기억을 남기지만, 기억이 사라지면
한 세계가 종말을 맞이하니까. 정말 '없는' 기분이
되니까. 그러나 물건도 기억도 모두 언젠가는 잃기도,
잊기도 할 것이다. 영원할 수 없으니 오늘 한 번 더
기억하기로 한다. 아직은 잊고 싶은 기억이 없다.
아팠던 때도 실수해서 숨고 싶었던 순간도 잊는다면,
그 덕분에 알아본 것까지 놓칠 것 같아서 기억하고

싶다. 알아보았다는 건 생이 준 굉장한 기회이고
축복이기에. 그게 나의 나약함이나 강함이든,
긴장이나 유연함이든 모두 생의 남은 순간을 위한
좋은 재료로 사용된다. 상황을 보는 관점을 전환하는
것도, 경험과 나 사이의 거리를 조절해 안전하게
지낼 수 있는 것도 이해의 영역을 넓히는 알아봄
덕분에 전부 해내는 일들. 그렇게 넓어지면서 기억이
새롭게 새겨지는 일은 씨앗이 어두운 땅속에서
딱딱하게 말라 죽지 않도록 이 무렵 내리는 대설 같다.
대설에 눈이 많이 내리면 다음 해 풍년이 든다고
했는데, 그건 땅에 소복하게 쌓이는 눈이 이불 역할을
해주기 때문이다. 따뜻한 겨울 볕에 눈이 녹으면 그게
땅속으로 스며들어 자연스레 흩뿌려져 있는 씨앗을
살리는 생명수가 되기도 하고, 쌓인 자체로 냉해를
막아 땅을 보호해 준다. 씨앗은 돌봄이 필요하다.
씨앗과도 같은 나의 기억들도 어쩌면 그러할지
모르겠다. 기억을 톺아보는 시간이 소복하게 내리는
눈이 되어주고, 씨앗의 미래는 밝아진다.

옛날에는 대설 무렵에 메주를 쑤었다고 한다.
콩을 푹 삶아 찧고, 네모 모양의 덩어리로 만들어
말리고 나면 나중에 된장이나 고추장, 간장이 되어

우리 배를 불려주었다. 기억을 다시 바라볼 기회인
겨울 동안 느긋하게 메주를 쑤는 사람의 얼굴을
해본다. 무엇이 될지 알 수 없으나 우선 메주를
쑤어 기다리는 순하고 밝은 마음. 추운 대설의 밤에는
삶이 내게 주고 한 번도 앗아가지 않았던 것에 대한
기억을 소중하게 꺼내본다. 계속 걷느라 먼 곳에
시선을 둔 채 나의 두 발을 잊은 것은 다름 아닌
나였다. 두 발은 나를 잊은 적이 없다. 나의 두 손도
마찬가지다. 잃어버리기 전에는 점점 무거워지는
나를, 점점 많은 욕심을 내는 나를 얼마나 오랫동안
삶이 받아주고 있었는지 깨닫지 못하는 날이 많다.
고마움을 잊으면 당연해지고, 당연해지면 어떤 날에는
바라는 것만 남는데 기억하는 일은 고마움을 삶에
오래 두는 경험이다. 두 발이 나를 잊은 적 없듯
나도 두 발을 기억하며 땅에 내려놓거나 먼 허공을
향해 뻗는다. 내게 찾아온 수많은 일이 나를 잊은 적
없듯 나도 빛과 어둠으로 얼룩져 만들어진 풍경을
기억하며 내려가고 올라가고 멀리 간다.

언젠가 첫 조카에게 말해줄 것이다. 첫 일기를 쓰던
아이의 아득하던 표정을, 그 시간을 건너와 이렇게
수많은 단어로 표현하는 아이의 성장을 그리고

그렇게 보낸 시간의 커다란 힘에 대해서.
그리 말해주려고 마음먹는 동안 기억은 또한 따뜻한
눈처럼 나를 덮어준다.

대설大雪: 겨울 절기 중 세 번째로, 눈이 많이
내린다는 의미이며 해가 일찍 진다.

동지
새로운 태양과 씨앗을 지켜보는 절기

영화가 끝났고, 시계를 보니 밤 열한 시가 막 지났다. 에스컬레이터 운행은 이미 종료된 상태, 모두 줄을 서서 엘리베이터를 기다린다. 연말이라 그런지 수요일 밤에도 영화를 본 사람들이 꽤 있었고, 엘리베이터가 1층에 다녀오기를 두 번, 세 번째에 겨우 탔다. 문이 닫히니 거울 같은 면에 나랑 같은 영화를 본 사람들이 비친다. 10층에서 1층까지 내려오는 짧은 시간,

중요한 이야기를 듣게 되었다. 엘리베이터를 탄
한 사람이 옆 친구에게 말했다. "내 옆 사람이 엄마의
관점으로 보여준 부분 끝나자마자 갑자기 '저 선생이
나쁜 놈이네, 어휴 답답해서 못 보겠다.'라고 말하면서
나가버렸어." 그 순간 엘리베이터에 탄 사람들은 모두
같은 생각을 했을 것이다. '와, 그분 큰일이네!' 하는
생각. 모두의 눈이 아주 조금씩 커지거나 흔들렸고,
이야기를 꺼낸 사람의 친구가 말했다. "와, 큰일이다.
그 사람. 호리 선생 나쁜 놈 아니던데 어떡해?" 그때
엘리베이터가 1층에 도착했고, 문이 열려서 모두
내렸다.

영화 〈괴물〉은 엄마의 시선, 선생님의 시선, 아이들의
시선으로 같은 이야기를 잇달아 보여주는데 그때마다
하나의 상황이 가진 뒷면이 보인다. 앞면에서는
볼 수 없던 뒷면이 보이면 세계에 대한 인식이
순식간에 바뀌게 되고, 진실이라는 것은 대체 뭘까
묻고 싶어진다. 각자의 진실만을 알고 많은 것을
왜곡하며 이해하는 우리는 삶을 통해 도대체 무엇을
경험하며 살아가야 하는 걸까. 두 사람의 이야기를
잠시 들었을 뿐인데, 나는 들어야만 하는 말을 들은
기분이 들었다. 그 순간을 만져보지 않은 곳이 없기를

바라는 사람처럼 구석구석 어루만지며 집으로
돌아왔다.

요즘의 나는 정말이지 궁금한 게 있다. 사실 살아오는
동안 궁금하지 않은 적은 없지만 요즘은 특히 더
궁금해서 자꾸만 질문을 던져 본다. '삶이 이것을
통해 나에게 건네는 메시지는 무엇일까? 무엇을
가르쳐주려고 이 상황을 만나게 하는 거지?'

삶을 의심하지 않고 배우려는 자세로 질문하는 것,
딱 하나만 기억해도 대부분의 어둠을 건너올 수
있었다. 작아도 확실한 빛과 같은 그 습관 덕분에
살아남았다. 이문재 시인의 〈당신이 찾고 있는 것이
당신을 찾고 있다〉라는 시를 좋아한다. 내가 찾고
있는 게 나를 찾을 때까지, 기어코 만날 때까지 해야
할 일은 되뇌고 또 되뇌는 일뿐이라 시인은 말한다.
삶이 보내오는 신호를 오해하지 않고 잘 이해하며 살고
싶은데, 때로 어떤 길에 들어서면 이 길로 들어오게 한
이유를 도무지 모르겠다. 시인의 말대로라면 내가 찾고
싶은 메시지가 나를 애타게 찾고 있을 텐데 할 수 있는
일이라고는 그 사실을 잊지 않는 것밖에 없어서 겨우
일으켜 열어둔 가슴이 풀썩 내려앉는다. 한참을 그렇게

기다리다가 기진맥진한 상태로 본 영화와 이후에 들은
말이 나의 내부에 새로운 빛의 씨앗을 남겼고, 씨앗이
하는 말들은 다음과 같다.

> "영화는 아직 끝나지 않았어. 그러니 서둘러
> 자리를 뜨지 말고 지켜봐. 할 수 있는 일이
> 지켜보는 것뿐이라면 지켜보면 되지.
> 포기하지 않고 질문하는 것은 답답한
> 일이기는 해도 무용한 일은 아니야."

현재 상황에 대해 내가 붙여둔 이름표를 뗀다.
알아야 한다는 생각, 답을 기다리는 마음, 생겨난
감정에 대해서 호명하기를 멈춘다. 이름을 잃고 나면
처음에는 다소 허전한 느낌이 들지만 이내 가볍고
맑은 마음으로 앞으로 걸어 나갈 수 있게 된다. 두 눈을
가려서 투명하게 보지 못하게 하던 수많은 이름을
지우고 드디어 눈앞이 밝아질 때, 지금의 모르겠는
마음 그러니까 씨앗과도 같은 이 마음에게 필요한 것이
물인지 빛인지, 바람인지 알 수 있을 테니 파도가 나를
삼킬 것 같을 때는 잠자코 몸을 낮추는 수밖에 없다.
씨앗을 보며 표정을 읽는 것은 나에게 주어진 일이다.
씨앗은 빛도 어둠도 아니고, 울고 있지도 웃고 있지도

않다. 색조차 없다. 씨앗에게 섣불리 어둡고 갑갑한 옷을 입히지 않고, 아주 빛나는 옷을 서둘러 주지도 않는다. 나는 시간을 가졌고, 자연스레 만나게 되는 옷을 입거나 벗으며 더 멀리 걷게 되리라. 앞서갈 필요도 없이 씨앗의 시간을 기다릴 것이다. 기다림은 바라보는 것, 사랑하는 것, 모른 척하지 않는 것이다. 지금은 지켜보고 더듬더듬 만져보며 꿈꾸기에 가장 좋은 '동지'니까.

밤이 가장 긴, 만물이 잠자고 있는 듯한 날, 깊은 밤 끝에서 우리가 만나는 것은 더 깊은 어둠이 아니라 아침이다. 어둠은 빛을 기다리고 있다. 동지를 기점으로 짧아지던 태양의 시간은 다시 길어진다. 옛사람들은 동짓날, 태양이 죽음에서 새로 태어난다고 생각하며 새해를 시작하는 무척 중요한 절기로 보았다. 그래서인지 동지에는 가까운 이들에게 함께 걸어 나가보자고 손을 내미는 듯한 풍속들이 있다. 나쁜 기운을 물리치고 무탈하게 새해를 맞이하자며 동지 팥죽을 먹는 일, 임금과 신하들이 모여 지난해의 수고를 칭찬하고 새해에도 백성을 위해 열심히 살아보자고 다짐하는 '동지하례'. 내년의 해와 달이 뜨는 것과 절기, 기후, 때마다 하면 좋은

일과 하지 말아야 하는 일이 쓰인 책력을 선물하는
'동지책력'까지. 대부분 여럿이 모여 하는 일이다.

1994년부터 알고 지내 삼십 년 지기인 가장 오래된
친구가 첫아이를 낳았다. 친구가 처음으로 사랑하던
모습, 대학에 가고 학보사에 들어가고 외국으로
떠났다가 돌아오고, 회사에서 만난 사람과 결혼하고
나는 살아보지 못한 동네로 이사하는 모습을 지켜봤다.
그 집에 놀러 갔을 땐 고양이 '쿠루'와도 인사를
나눴다. 이제 다음에 만날 땐 지구별에 막 도착한 작은
생명을 보여주겠지. 한 사람의 인생을 이렇게 지켜보는
동안 많은 것을 배운다. 오랜 인연에게 동지책력을
하듯 신년 다이어리를 선물했다. 찾아온 새날, 새로운
인연이 된 어린아이 곁에서 친구는 또 얼마나 많은
변화를 겪게 될까. 선물한 다이어리에는 얼마나 서툴고
머뭇거리는 마음들이, 또 얼마나 설레고 신나는
시간들이 기록될까. 내가 상상할 수 없는 경험들이
친구를 기다리고 있을 테고, 친구가 상상하지 못한
어떤 경험은 내 몫이 될 테다. 친구도 나도, 아직은
몰라도 때가 되면 알게 될 것들을 지금 걸을 수 있는
길로 나아가며 초대한다.

씨앗을 가만히 손에 쥐고 아늑하게 데우며 포기하지만
않으면, 결국에는 내가 찾는 답이 나를 찾게 된다.
새로운 책력에 쓰일 이야기들이, 알아야 할 것을
가장 좋은 때에 알게 해줄 것이다. 동지책력을 하고
나니 삶이라는 긴 여행을 누구와 함께 걷는 중인지가
분명해지고, 겪게 되는 이별에는 모두 어떤 이유가
있을 것임을 믿게 된다.

동지冬至: 겨울 절기 중 네 번째로, 일 년 중
밤이 가장 길고 낮이 가장 짧은 날이다.

소한
마주하는 빛으로 따뜻함을 찾는 절기

소설과 대설을 보내며 하늘에서 내린 눈은 이제 보이지 않는다. 어디론가 사라져 버린 것 같지만 완전히 사라진 건 아닐 테다. 눈은 땅에 스며들어 녹았다 얼기를 반복하면서 땅을 흔들어 깨우는 중이다. 땅은

반복되는 오르내림, 그 율동을 통해 가지고 있던
한기를 세상에 토해낸다. 동지부터 다시 길어진 해
덕분에 하늘에는 이미 봄이 도착했지만 땅에는 겨울이
한창인 듯 신발을 신고 있어도 땅을 밟으면 차갑다.
냉기에 차가워진 딱딱한 발로는 당장 멀리까지 갈 수가
없고, 추위에 웅크린 마음도 좁아진 몸의 반경 안을
맴돈다.

옛사람들은 '소한'에 얼음을 캐서 저장고로 가져오고,
씨앗을 내놓으며 그 해에 수확하고 싶은 것을 정하는
풍습이 있었다고 한다. 얼음은 모두 녹고 말 텐데
왜 그렇게 의미 없는 일에 시간을 썼을까? 그러나
생각해 보면 지금 하고 있는 어떤 일들, 나를 둘러싼
모든 것들 그리고 나조차 얼음처럼 사라지고 만다.
중요한 것은 나중에 어떻게 변하게 되느냐가 아니라
지금 무엇을 경험하느냐. 얼음을 캐서 운반하는 동안
모두들 한겨울 내내 움츠린 채로 사리던 몸을 한 번
더 움직이며 드문 열기를 느꼈을 것이다. 그것으로
충분했겠지. 따뜻한 몸으로, 수확하고 싶은 씨앗을
뒤적거리면서 새해의 첫 주를 씩씩하게 시작했을
테니까.

마음은 과거로도, 또 미래로도 너무 쉽게 흘러가고 만다. 여기에 멈춰 선 채로 아주 먼 곳까지 보낼 수도 있는데, 사람은 누구나 그런 마음의 속성을 세상에 올 때부터 선물로 받는다. 그 선물은 나를 희망으로 화창하게 만들기도 하고, 어느 날엔 무거운 돌덩이를 등에 지고 하염없이 오르막길을 오르는 사람이 되기도 한다. 내려놓으면 편안하려나 싶지만 마음과 기분 덕분에 경험하는 세계, 그 덕분에 꾸는 꿈이 고마워서 잘 동행하고 싶다. 어차피 없앨 수 없는 것이기도 하고. 추운 날씨 덕분에 경사진 마음 곁에 서서 그 기울기를 바라본다. 기울어져 있으니 흐르고, 흐르고 있으니 탁해지지 않는다. 너그럽게 멀리까지 마음을 흘려보낸다. 흘러가고 있는 마음을 붙잡으려고 온몸에 힘을 주다가 여러 번 고생하고 나니 이제는 그냥 두고 싶다.

6월 중순, 하지부터 밤이 길어지기 시작하여 음기가 생성될 무렵에는 도리어 매우 덥고 12월 끝자락, 낮이 길어지기 시작하여 양기가 생성될 무렵에는 도리어 매우 춥다. 기운은 차곡차곡 쌓여 있는데, 아래에서 생성된 새로운 기는 적재되어 있던 기운을 위로 밀어 올린다. 지금 밖으로 흘러나오는 것은

가장 오래된 추위. 세상 밖으로 드러난 한기는 현재의
진실이기도 하지만, 이미 과거이기도 하다. 나의 세계
속에서 지금 보이는 많은 것 또한 오래된 마음들.
이제야 겨우 밖으로 꺼내진 마냥 밑에서 어떤 희망
하나가 마음을 밀어 올리니까 오래된 두려움이 불쑥
올라오기도 하고, 어떤 사랑 하나가 마음을
밀어 올리니까 오래된 상처가 되살아나기도 한다.
지금 막 생겨난 것은 아니다.

지금 모아두는 마음들은 언제 어디에서 드러나게
될까. 마음이 도착할 어느 미래, 나는 누구 곁에서
어떤 표정을 하게 될지 현재는 아무것도 모른다.
다만 마음을 멀리 보내며 꿈을 꾼다. 어떤 빛을 내는
사람과 손을 잡길 바라는지, 어떤 소리에 둘러싸여
노래를 흥얼거리고 싶은지, 무슨 춤을 추고 싶은지,
원하는 만큼 멀리 마음을 보낸다. 어느덧 마음의
걸음은 두 팔 벌려 안기 좋은 선물이 된다. 조급해지면
한순간 무거운 돌덩이로 바뀌니까 되도록 느긋하게
마음의 긴 여행을 휘파람 불며 응원하고 싶다.

나는 꿈꿀 수 있고, 원하는 자리로 나를 데려갈 수
있다. 어려운 것을 상상해 보려 하고, 그렇게 떠오른

방향으로 꿈꾸며 무언가를 해보는 일이 좋다.
상상한 곳에 도착하지 못해도 충분히 좋다. 걷는
내내 일어난 확장은 이미 풍성하니까. 장래 희망은
늘 내가 온전한 나로 존재하는 것, 상상 너머의
내가 되는 것. 경계선 너머로 두 팔을 뻗어 끌어안은
불확실성은 그 자체로 가능성이다. 궁금해하는
눈으로 오늘을 반기며 새롭게 시도하며 경험하고,
그렇게 살아가다가 도착할 자리에서 곁에 있는
사람들에게 사랑을 말하고 싶다. 올해의 나에게
부탁하고 싶은 것들, 삶을 향한 희망 사항들을 적었다.
얼음 저장고에 씨앗을 꺼내어 두듯.

      할 수 있는 것을 하고,

      갈 수 있는 곳에 가고,

      볼 수 있는 것을 보고,

      줄 수 있는 것을 주고,

      사랑할 수 있는 것을 사랑하고,

      열리는 것을 열리게 두고,

      닫히는 것을 닫히게 두고,

      만질 수 있는 것을 만지면서,

      그저 경험하면서 살기를.

      무사히 감사하고,

단순하게 기뻐하고,
어린아이처럼 바라보고,
상처를 모르는 사람처럼
사랑하면서 지낼 수 있기를.
'없음'보다 '있음'을 주시하면서
수많은 '있음'이 주는 풍요를 누리고,
'없음' 또한 새롭게 열리는 문이라는 것을
잊지 않기를.
받아들임은 언제나 지금 열리고 있는 문을
조금 더 활짝 여는 열쇠가 되고,
저항은 항상 지금 닫히고 있는 문 사이에
온몸을 끼우고 나를 다치게 하는
선택이라는 것을 기억하기를.
자유롭기를,
주어진 자유를 감사히 누리기를.
사랑하기를,
둘러싼 사랑의 축복을 만끽하기를.
평화롭기를,
발견된 평화를 연결된 존재들과 함께하기를.
나에게 필요한 용기와 사랑은 늘 내 안에서
나를 기다리고 있다는 것을 기억하기를.

대단하지 않아도 내가 나에게 희망하는 사항들은 지금 할 일과 하지 않아도 괜찮은 일을 가르쳐준다. 서 있는 이곳, 발아래에서 땅이 녹고 있다. 먼 곳에서부터 봄이, 나를 향해 가장 적당한 걸음으로 오고 있음을 듣는다. 곧, 봄이 도착할 것이다. 씨앗을 꺼내어 두고 봄을 기다린다.

소한小寒: 겨울 절기 중 다섯 번째로, 작은 추위라는 뜻을 가졌지만 우리나라에서는 이 무렵이 가장 춥다.

대한
추위 속에서 봄을 준비하는 절기

내게 어떤 말버릇이 생겼다는 것을 알려준 친구가 있다. 타국에 살고 있어서 일 년에 한 번 만날 수 있지만, 마음이 가라앉는 날이면 신기하게 그에게 연락이 온다. "잘 있나."로 시작하는 메시지. 마음이 연결되어 있다는 것은 십 년이 훌쩍 넘는 세월 동안 받아온 메시지로 느낀다. 그를 생각하면 활짝 웃는 얼굴에 부산 사투리로 "괜찮다, 네가 괜찮으면 언니는 다 괜찮다." 말하는 목소리가 들린다. 그런 그가 어느 날, 내 이야기를 한참 듣다가 "'그럼에도 불구하고'라는 말을 엄청 많이 하네?"라고 했다. 벌써 십 년도 더 지난 일인데 여전히 생생하다. 그때의 나는 몰랐다. 상상해 본 적 없는 속상한 일들이 마구 휘몰아치듯 내게로 오는 것 같던 그때, 그래도 잘 살아보고 싶어서 수많은 문장 앞에 '그럼에도 불구하고'를 붙여두고 겨우 기운을 내곤 했다는 것을. '그럼에도 불구하고 웃으며 지낼 거야. 그럼에도 불구하고 한 번 더 해볼 거야. 그럼에도 불구하고 사랑을 선택할 거야.' 중얼거리며 살았다. 그 뒤에 붙던 말들은 당시의 내가 해내기 어렵다고 느끼던 것들이었다. 포기하고 싶었고 도망치고 싶었는데, 이 삶을 두고 아무리 도망쳐도 돌아올 자리 또한 이 삶이라는 걸 모르지도 않았다. 들고 있기가 버거운 삶을 숙제처럼 받아 들던 나에게 그가 말했다. "'그럼에도 불구하고'라는 말을 지워버리면 어때?" 곤란한 표정을 했다. 그 말을 지우려면 현실부터 먼저 지워야 한다고 생각했는데, 현실을 지우면 내가 사라질 테니까.

'대한'은 스물네 개의 절기 중 마지막이다. 스물네

번의 마디를 거친 한 해가 이제야 끝이 나고, 새로운 봄이 머지않아 시작된다. 제주의 옛사람들은 대한의 5일 후부터 곧 찾아올 입춘 3일 전까지, 그 사이의 일주일을 '신구간'이라고 불렀다. 지상의 일들을 관장하던 신들이 한 해가 끝나는 것을 본 후 하늘로 올라가 버리고, 다음 해에 세상을 돌볼 새로운 신들이 땅에 도착하기 전의 시간. 이 시기엔 그들의 노여움을 살 일이 없으니 마음 놓고 이사도 하고 집을 수리하기도 했다고. 그런 이야기들을 읽다 보면, 늘 지켜보는 눈이 있다고 믿었던 오래전 사람들이 한없이 아름답게 보인다. 아무도 모르게 하는 행위여도 누군가 보고 있다고 생각하고, 작은 것 하나를 바꿀 때도 그게 삶을 송두리째 뒤흔들지도 모른다며 두려워하는 사람들. 계절에 기대어 살고 날씨에 순응하는 슬기로움과 내 힘으로 해낸 것이 아니라 신이 도왔다며 감사하는 어진 태도를 배운다. 마음이 자리를 옮기는 것도 일종의 이사라면, 요즘의 나는 마음의 이사가 한창이다. 신구간에 하기에 아주 적당한 일이 시작된 셈이다. 신들 모르게 그들을 의심하던 자리에서, 그들이 하는 일을 온전히 믿는 자리로 확실하게 옮기며 고장 난 마음 한 귀퉁이를 수리하고 있다.

이 방향으로 가면 되는구나, 하면서 열심히 노력해도 어느 시기가 되면 자꾸만 그곳으로 향하는 문이 닫혔다. 그러면 문 앞에서 잠시 망연하다가 고개를 돌리고 또 새로운 빛이 흘러나오는 문을 향해 걸어가 보고, 거의 다 왔나 싶을 즈음엔 또 눈앞의 문이 닫히는 것 같았다. 그러면 또 이전에 하던 행동의 반복. 삶이 해결해야 할 숙제처럼 여겨졌다. 그럼에도 불구하고 계속 걸어가 보겠다고 말했고, 그 말이 오히려 나의 삶을 한 겹 무겁게 만드는 듯하니 지워보라는 친구의 말에 '그래, 앞서 종결된 문장과 상관없이 새로운 문장을 써보자.' 생각했지만 연결해 주는 말이 사라진 자리는 지난 십 년 내내 어색했다.

한 사람이 돌아갈 곳은 결국 자신의 마음속, 오롯한 자신이 되는 것밖에 없지 않을까. 누군가 내게 찾아와 말했다. "돌아올 자리가 있어서 행복해요." 그 말을 들은 내가 놀라서 물었다. "여기가 돌아올 자리 같았어?" 그랬더니 그가 답했다. "선생님이 계신 자리가 제가 돌아올 자리예요." 한참 동안 그를 가만히 보다가 눈물이 뚝뚝 흘렀다. 제대로 둥지를 틀지 못하고 여기저기를 헤매면서 오랫동안 꾼 꿈이 있었다. 요가를 안내하는 자리, 거기가 어디든 그 순간에 같이

있는 사람들에게 나라는 존재가 안전한 장소였으면
했다. 일상에서 담당하던 역할들을 모두 벗어던지고,
있는 그대로의 나 자신을 존중하고 사랑할 수 있는
장소. 한 사람이 돌아가야 할 곳이 온전히 자신으로
존재하는 곳이라면 아마 그의 이야기는 내 곁에서
본연의 모습으로 편안한 숨을 쉴 수 있다는 고마운
말일 것 같고, 그를 내가 환영하고 있음을 온몸으로
느꼈다는 말이겠구나 싶어 눈시울이 붉어졌다.
잘 도착했구나. 여기가 내 자리구나. 삶을 다시 뒤돌아
바라본다.

닫히는 문은 그 당시 열려야만 하는 문을 보여주기
위해 삶이 움직인 것이다. 짙은 어둠 속에서 눈이
적응하고 나면 그제야 보이는 달빛, 그 빛에 의지하며
걸음을 놓던 시간까지도 모두 예정된 게 아니었을까.
어쩔 수 없다는 얼굴로 걸어 들어간 새로운 문이
목적지를 우회하는 길이 아니라 지름길이었다는 걸
알아보게 된다. 멈추거나 느려진 삶의 속도라도
인생은 계속해서 흘러가고, 수많은 머뭇거림은
늘 생의 일부다. 전체에 속하고 마는 멈춤의
순간들이 모여 풍성한 리듬을 만든다. 리드미컬한
흐름 안, 이 모습으로 존재하기 위해서 모두 필요한

일이었다. 언젠가 읽은, 삶은 해결해야 할 숙제가
아니라 경험해야 할 축복이라는 문장을 체험하고
있다. 예상하지 못했던 일일수록 일어나야만 한다는
분명함을 신뢰하니 종결되는 문장과 새로운 문장을
이어주는 연결어가 변한다. '그럼에도 불구하고'가
아니라 '그러므로' 웃는다. 주어진 운명을 사랑하면서
마무리하고, 또 시작하고 있다.

오래전 사람들은 대한이 매듭짓는 날, 그러니까 입춘의
전날을 '절분節分'이라 불렀다. 절분 날 밤에는 콩을
마루나 방에 뿌리며 악귀를 쫓고 새해를 맞이하는
해넘이를 하였다고. 나의 해넘이는 '그러므로 즐겁게',
'그러므로 사랑하며'라는 말을 삶 곳곳에 뿌려두는
일이 될 것 같다. 그렇게 넘어가 마주한 새봄에는 분명
다가오는 삶을 바라보는 마음이 한결 편안할 것이다.
그러므로 그렇게 될 것이다.

대한大寒: 겨울 절기 중 여섯 번째, 한 해를 매듭짓는
마지막 절기로 이후에는 다시금 봄의 기운이 기척을 낸다.

나가는 글

끝나기 위해 끝나지 않습니다. 끝에서 만나는 것은 시작입니다. 절기에 대해 글을 쓰는 동안 끝나버린 것과 끝났기에 시작된 마음이 있고, 오래된 세계의 소개 덕분에 발 디딜 수 있었던 새로운 세상도 있습니다. 당신은 어디에 있습니까. 거기가 어디든 그곳이 바로 도착해야 하는 적당한 장소라는 걸 믿고 있나요. 당신에게도 오래된 세계의 초대장을 조용히 건넵니다.

새로운 질문을 하고 싶습니다. 아무도 묻지 않아 한동안 잊고 살아온 것 중 하나라면 더할 나위 없이 좋을 것 같고, 멀어져 본 적 없는 사람이 지속적으로 물었지만 마음을 기울이지 못했던 것이어도 나쁘지 않겠네요. 삶을 구성하는 건 멀리 있는 것과 가까이 있는 것, 보이는 것과 보이지 않는 것, 아름답거나 혹은 추하다고 여겨지는 것. 상반되어 보이는 모든 건 내게서 출발하여 필요한 만큼 떠돌다가 나의 자리로 돌아옵니다. 그러니 모든 질문을 소중히 품에 안고 만지작거리는 당신이 자신의 대답 속에서 발견하는 것은 어떤 색이라도, 어떤 빛이나 어둠이라도 모두 괜찮겠지요. 발견된 것을 핑계 삼아 서둘러 마음의 소용돌이에 마침표 찍지 않는다면 사소해 보이는 작은 조각들이 지닌 위력을 우리가 함께 만나기도 할 거예요. 그럼, 질문의 빛으로 드러난 조각에 두려움 없이 손을 뻗어 가까이 지내려면 무엇이 필요할까요.

사랑이 아닐까, 조심스럽게 짐작해 봅니다. 용감해질
수 있는 장소라면 거기엔 사랑이 있을 거예요.
어루만지며 돌볼 수 있는 세계에 도착했다면 거기에도
또한 사랑이 있을 거고요. 거기에만 있는 게 아니라
여기에도 있을 사랑 말이에요.

"사랑하고 있나요?" 요가 수업을 시작하며
질문을 던지니 저마다 누군가를 떠올리며 고개를
끄덕였습니다. 그런 다음, "사랑받고 있나요? 충분하고
충만하게요." 다시 질문하니 그중 누군가는 눈빛이
흔들렸습니다.

저도 종종 별다름 없는 표정이 됩니다. 계절이
저에게 질문을 던져주지 않고 그들의 소식이 저에게
들리지 않았다면, 사랑받을 수 있는 곳으로 가기
위해 중심에서 멀리 떨어진 곳에 가고 또 갔을지도
모르겠어요. 매번 지치지 않고 돌아오고 마는 계절은
사랑을 가르쳐줍니다. 꽃피는 것만 사랑이 아니라
지는 것도 사랑임을; 열매 맺는 것만 사랑이 아니라
땅으로 돌아오는 것도 사랑임을. 커다란 원을 그리며
넓어졌다가 시작한 곳으로 작게 돌아오는 사랑을
계절의 순환에서 배웁니다.

여전히 밝혀지지 않은 것, 알려진 세계에 아직 소개되지 못한 것이 무수합니다. 사랑에 대해서도 분명 그러할 테지요. 당신이 겪는 어떤 일들은 아직 호명할 단어를 찾지 못해 귀하게 여겨지지 못하거나 충분히 위로하는 법을 알지 못한 채 방치되고 있을지 모릅니다. 이름을 붙이고 이해해야 한다는 생각을 지우면 역설적으로 이해되지 못한 채 그대로 두는 것이 새로운 이해의 방식이 됩니다. 새로운 사랑의 방식이기도 할 거예요. 경계 바깥에서 만나게 되는 새로운 아름다움은 경계 안 사람의 솜씨이겠지요. 초대장을 손에 든 당신은 어디에 있습니까.

그곳이 어디든 새로운 계절의 길을 호기심 가득한 눈으로 기웃거려보는 걸음 잊지 않으시기를, 서성거리게 되면 그곳은 아마 깊어지기에 적당한 자리일 테니 안심할 수 있기를, 당신이 여기에 쓰인 이야기 너머로 건너갈 수 있기를 바랍니다.

아주 오래되었으나 새로운 세계에서 만나 우리는 더 사랑할 거예요.

겨울 틈으로 새어 나온 봄빛 얼룩이 새의 날갯짓으로
보이는 2025년의 춘분 무렵
빛과 어둠의 사랑을 담아,

최예슬 드림.

아주 오래되었으나 새로운 세계로—절기 따라 걷기

1판 1쇄 발행 2025년 4월 9일

글 최예슬
그림 곽명주

펴낸이 송원준·김이경
책임편집 이명주
디자인 양예슬
마케팅 문주원

펴낸 곳 ㈜어라운드
출판등록 제 2014-000186호
주소 03980 서울시 마포구 동교로51길 27 AROUND
문의 070-4616-5974
팩스 02-6280-5031
전자우편 around@a-round.kr
홈페이지 a-round.kr
ISBN 979-11-6754-046-1

이 책은 저작권법에 따라 보호받는 저작물이므로
무단 전재와 무단 복제를 금합니다.